Manon Sander

Spiele für den Abschlusskreis

Motivierende Ideen für die Grundschule

Gedruckt auf umweltbewusst gefertigtem, chlorfrei gebleichtem und alterungsbeständigem Papier.

1. Auflage 2018

Covergestaltung und -illustration: Kristina Melz | Grafik Design & Konzeption, Hamburg
Illustrationen: Corina Beurenmeister
Satz: Satzpunkt Ursula Ewert GmbH, Bayreuth
Druck und Bindung: Kessler Druck + Medien
ISBN 978-3-403-0**7204**-1

www.auer-verlag.de

Inhalt

Vorwort

Der Abschlusskreis ist ein wichtiges Ritual in der Grundschule. Mit Spielen zum Tages- und Wochenabschluss klingt der Schultag aus. Es werden Ergebnisse gesichert, präsentiert und reflektiert, es wird Rückschau gehalten und ein Ausblick auf Kommendes geschaffen. Ebenso dienen die Spiele der Bewegung, Entspannung und Stärkung der Gemeinschaft.

Spiele im Abschlusskreis sind äußerstlohnend. Lohnend deshalb, weil das gemeinsame Spielen in der Klasse nicht nur Freude bereitet, sondern auch der Aufmerksamkeit und Konzentrationsfähigkeit sowie der sprachlichen und motorischen Kompetenz dient und sich nachweislich positiv auf die schulischen Leistungen der Schülerinnen und Schüler[1] auswirkt. Zusätzlich erhalten die Kinder Ideen und Motivation für das Spielen außerhalb der Schule.

Die Spiele dieses Bandes eignen sich allesamt für den Abschlusskreis. Aber sie sind natürlich nicht darauf beschränkt. Zum Teil lassen sie sich auch einmal spontan zwischendurch einflechten oder bei anderen Anlässen einsetzen: wenn ein Geburtstag gefeiert wird, auf der Karnevals-/Faschingsparty, am letzten Schultag vor den Ferien, bei der Klassenfahrt … und warum nicht einmal bei einem Elternabend?

Die Spiele in diesem Band sind verschiedenen Themen zugeordnet, in denen sie ihre Schwerpunkte haben. Eine solche Zuordnung ist aber nicht eindeutig, da jedes Spiel mehrere Dimensionen hat, in denen es die Spielenden anspricht.

Bewusst wurde keine Zuordnung zu Alter und Klassenstufe vorgenommen. Jeder Lehrer möge selbst einschätzen, ob ein bestimmtes Spiel angemessen und machbar ist, ob es zur Klasse und augenblicklichen Situation passt. Alle Spiele, auch wenn sie zum Teil sehr anspruchsvoll klingen, wurden in der Grundschule erprobt. Mit der Spielerfahrung der Kinder wächst auch ihre Kompetenz, schwierigere Spiele zu bewältigen. Auch laufen Spiele erfahrungsgemäß besser, wenn man sie wiederholt (wobei man eventuell erst dann zusätzliche Regeln einführt), eben weil sie bereits „eingespielt" sind.

Nun wünsche ich Schwung und Motivation zum Spielen, den Mut, etwas auszuprobieren, sowie schöne gemeinsame Erlebnisse und Erfahrungen mit der Klasse. Der Weg lohnt sich!

---

1 Aufgrund der besseren Lesbarkeit ist in diesem Buch mit Lehrer auch immer Lehrerin gemeint. Gleiches gilt für Schüler und Schülerin.

Der Abschlusskreis

Immer wieder enden Schultage abrupt. Plötzlich ist die Stunde um, ist der Schultag beendet. Die Zeit ist einfach zu knapp bemessen oder etwas hat länger gedauert. Es muss noch aufgeräumt werden. Anschließend rennen alle einfach beim Klingeln auseinander. Manchmal fehlt sogar eine ordentliche Verabschiedung. So muss das nicht sein und sollte es auch nicht sein! Nach den gemeinsamen Schulstunden ist es wichtig, einen gemeinsamen Abschluss zu finden. Das schafft Gemeinsamkeit und eine Vertrauensbasis in der Lerngruppe. Es stärkt die Gruppe, wenn dieser Abschlusskreis nicht nur sporadisch stattfindet, sondern zu einem wichtigen Ritual wird, mit dem man die gemeinsame Zeit beschließt.

So kann im Abschlusskreis gemeinsam Abschied zum Abschluss eines Schultages oder einer Schulwoche genommen werden. Im Fokus steht dabei immer, über das Gelernte zu reflektieren, dieses zu sichern sowie sich mitzuteilen und auszutauschen.

Der Abschlusskreis bietet weitere vielfältige Möglichkeiten, die über das reine Abschiednehmen hinausgehen: Er kann zur Ergebnissicherung oder zur Präsentation von Lernergebnissen genutzt werden. Im Abschlusskreis kann ein Ausblick auf den kommenden Tag bzw. die kommende Woche gegeben werden. Gleichzeitig kann hier erzählt, Probleme besprochen sowie Konflikte gelöst werden.

So bietet der Abschlusskreis einerseits Gelegenheit für viele Sprachanlässe und das Schulen der Kompetenzen „Erzählen und Zuhören", andererseits werden durch den Austausch aber auch das Miteinander und der Zusammenhalt in der Klasse gestärkt. Außerdem kann das Ritual genutzt werden, um den Fokus der Kinder vom Lernen wegzuführen, entweder durch Entspannungsübungen oder durch Bewegungs- und Koordinationsübungen.

Zum Ende eines Schuljahres (oder auch während des Jahres, zum Beispiel wenn ein Kind die Klasse verlässt) bietet es sich auch an, die Abschlusskreissituation zum richtigen Abschiednehmen zu verwenden: Wie fühlt man sich? Was möchte man dem Kind mit auf den Weg geben?

Damit der Abschlusskreis nicht langweilig wird, wie es oft bei Ritualen der Fall ist, helfen Variationen und Abwechslung. Gleichzeitig soll aber sichergestellt werden, dass das Ritual weiterhin sinnvoll genutzt wird. Ideal sind hierfür kleine Spiele, die das Ritual auflockern und den Kindern Freude bereiten. So können die Spiele jederzeit als Ersatz oder ergänzend gespielt werden.

Hinweise zur Spielleitung

Wie jeder andere Unterrichtsschritt auch müssen Spiele geleitet werden. Das bedeutet, Spiele müssen genauso vorbereitet werden wie jeder andere Teil der Stunde. Je besser die geschieht, desto einfacher und reibungsloser verlaufen die Spiele und werden somit zu einem größeren Erfolg.

Es gibt Spiele, die zu zweit gespielt werden, andere werden in Kleingruppen oder in größeren Gruppen gespielt und manche mit der ganzen Klasse. Eine Spielleitung bei Unstimmigkeiten ist dabei auch wichtig. Die Spiele hier sind vorwiegend so ausgewählt, dass alle gemeinsam spielen.

Der Spielleiter muss auch die Art der Gruppenzusammensetzung bestimmen.
Es gibt hier mehrere Möglichkeiten:

- Die Kinder bilden selbstständig Gruppen oder Paare. In diesem Fall suchen und finden sich die Kinder, die ohnehin immer zusammen sind.
- Es wird dem Zufall überlassen, dabei können jedoch ungewünschte Paarungen zusammenkommen.
- Es wird offen bestimmt. So können neue Gruppen ausprobiert werden. Es kann aber dadurch auch zu Unstimmigkeiten kommen.
- Es wird verdeckt bestimmt, etwa mit vorsortierten Karten oder Markierungen unter den Stühlen.

Der Lehrer kann Spielleiter sein, kann diese Position aber auch an jemanden übertragen. Als Spielleiter müssen eventuell auch Entscheidungen getroffen werden, wenn es um Unklarheiten durch unterschiedliche Regelauffassungen geht. Hier kann jedoch auch großzügig im Sinne der Gerechtigkeit gearbeitet werden. Wurde bisher konsequent eine Regel falsch ausgelegt, so sollte diese falsche Auslegung zumindest gültig bleiben und nicht nur im Sinne eines Spielers angepasst werden. Ob sie für weitere Spiele bleibt, geändert oder als Variante geführt wird, muss der Spielleiter entscheiden.

Bei vielen Spielen scheiden Kinder aus. Diese Kinder sollten eine Aufgabe bekommen. Manche feuern von sich aus die anderen an, manche halten sich eher zurück. Sie sollten schnell als Schiedsrichter eingesetzt und gefragt werden, wie sie Situationen gesehen haben. Zu Beginn eines Spieles sollten jedoch alle eingesetzt werden. Geht die Anzahl der Kinder nicht auf, muss der Spielleiter mitspielen. Er kann jedoch durch ein zu Beginn ausgeschiedenes Kind ersetzt werden.

Das haben wir gelernt!

Spiele zur Ergebnissicherung und Präsentation

Ja oder nein!

Es sind heute zum Beispiel viele Fachbegriffe verwendet worden – so zum Beispiel Subtraktion, Plusquamperfekt oder auch einfach nur Frühling, Sommer, Herbst und Winter. Es ist gut, diese Begriffe zu wiederholen.

Dazu wird die Klasse in zwei Gruppen geteilt. Aus jeder Gruppe geht nun ein Kind hinter die Tafel und schreibt einen Begriff an. Eine Gruppe darf Fragen stellen, die das Wort betreffen. Lautet die Antwort „ja", darf weitergefragt werden, bis der Begriff erraten wurde. Ist die Antwort jedoch „nein", ist die andere Gruppe mit dem Fragenstellen an der Reihe. Wird ein Begriff erraten, bekommt die Gruppe, die den Begriff erraten hat, einen Punkt und es muss ein neuer Begriff erraten werden. Gewonnen hat die Gruppe mit den meisten Punkten. Das Spiel kann zu einem beliebigen Zeitpunkt beendet werden.

Begriffe zeichnen

Dies klappt am besten auf dem Overheadprojektor. Der Name eines Kindes wird gezogen. Das Kind erhält einen Begriff, der zuvor neu verwendet wurde. Dieser Begriff muss nun gemalt werden. Dabei ist es natürlich verboten, den Begriff neben das Bild zu schreiben.

Das ist ganz einfach

Hier treten zwei Teams gegeneinander an. In einem Topf sind Karten, auf denen Begriffe aus dem Unterricht aufgeschrieben sind. Nun beginnt das erste Kind aus dem ersten Team und zieht eine dieser Karten. Es dürfen weder das Wort auf der Karte noch Teile dieses Wortes erwähnt werden. Ohne diese Wörter muss das gesuchte Wort beschrieben werden. Die Gruppe muss raten.

Wird das Wort nicht in einer Minute erraten, so ist die andere Gruppe an der Reihe. Wird das Wort erraten, darf ein anderer aus der Gruppe ein neues Wort ziehen und beschreiben.

Wie heißt das Wort?

Das Kind, das an der Reihe ist, zeichnet für jeden Buchstaben des Wortes, das es sich im Zusammenhang mit einem vorgegebenen Thema ausdenkt, einen Strich an die Tafel. Die anderen Kinder dürfen nun raten. Jedes Mal, wenn ein richtiger Buchstabe erraten wird, wird der auf die entsprechende Linie geschrieben (kommt er mehrfach vor, dann natürlich auch mehrfach).

Einfacher ist es, die Buchstaben, die falsch geraten wurden, an die Tafel zu schreiben. Das muss aber nicht gemacht werden. Wird der Buchstabe falsch geraten, wird bei einer vorgefertigten Figur (zum Beispiel ein Strichmännchen, ein Auto) ein Strich ausgeführt. Wird ein ganzes Wort falsch geraten, werden drei Striche ausgeführt. Ist das Bild fertiggestellt, hat derjenige gewonnen, sonst die Gruppe. In jedem Fall wird anschließend gewechselt und ein anderes Kind kommt an die Reihe. Dieses Spiel kann auch als Gruppenspiel gespielt werden.

Das Wissensnetz

Die Kinder bilden einen Kreis. Der Spielleiter nimmt ein Wollknäuel und beginnt, ein Thema anzusprechen, über das am selben Tag geredet wurde. Er wirft einem Kind die Wolle zu. Jedes Kind muss nun etwas zum Thema sagen und das Knäuel weiterwerfen. Dabei hält sich das Kind am Faden fest. Langsam wächst das Netz mehr und mehr. Kinder dürfen auch mehrfach mitmachen.

Variante: Das Netz kann auch dazu verwendet werden, Gefühle zum Ausdruck zu bringen. Gerade bei schlechten Gefühlen wird den Kindern durch das Netz das Gefühl vermittelt, dass sie mit ihren Problemen nicht alleine sind.

Stadt, Land, Fluss ...

Hier treten mehrere Teams gegeneinander an. Jede Gruppe bekommt ein Blatt, auf dem mehrere Spalten und Zeilen eingetragen werden. Die Spalten bekommen nun Überschriften, die zu den jeweiligen Lehrinhalten passen. Zum Beispiel könnten dies Begriffe wie Stadt, Land, Fluss, Obst, Gemüse, Tier, Mädchenname, Jungenname, Farbe, Pflanze, Blume, Getränk und Ähnliches mehr sein.
Ein Kind darf nun das Alphabet lautlos aufsagen und ein anderes Kind sagt „Stopp!". In dem Moment beginnen die Gruppen, die Felder mit Wörtern des gewählten Anfangsbuchstabens auszufüllen. Die Gruppe, die zuerst fertig ist, ruft wieder „Stopp!".
Für jedes passende Wort gibt es 10 Punkte. Hat keine andere Gruppe dieses Wort gefunden, gibt es 20 Punkte. Für eine falsche oder nicht vorhandene Antwort gibt es null Punkte. Rechtschreibfehler sollten dabei nicht zu genau genommen werden – solange die Anlaute passen.

Blödsinn

Zwei Kinder kommen nach vorn und beginnen ein Gespräch über den Unterrichtsstoff. Dabei reden sie immer abwechselnd. Die Klasse muss aufmerksam zuhören. Ertappen sie einen bei einer falschen Aussage, darf der, der es merkt, „Blödsinn!" rufen. Die Unterhaltung muss gestoppt werden. Das Kind muss den Sachverhalt richtigstellen, darf sich einen Punkt geben und kommt nach vorn.
Sollte der Fehler nicht auffallen, muss das Kind, wenn es das nächste Mal an der Reihe ist, den Fehler verbessern und darf sich nun einen Punkt geben.
Die Punkte kann man in Form von Kugeln in einem Glas sammeln. Wer schafft es über einen langen Zeitraum, die meisten Punkte zu sammeln?

Was ist denn das?

Einem Kind werden die Augen verbunden und es bekommt einen Gegenstand in die Hand, der etwas mit dem Unterricht zu tun hat. Es muss erklären, worum es sich dabei handelt und worin der Zusammenhang zur Stunde besteht.

Was gehört zusammen?

Bilder, die zum Unterrichtsthema gehören, werden kopiert (Beispiele: wenn ein neuer Buchstabe eingeführt wurde: mehrere Abbildungen von Wörtern mit diesem Anlaut; werden in Mathematik Körper besprochen: Abbildungen von diesen ...).

Nun werden die Bilder in mehrere Teile geschnitten und in Briefumschläge gesteckt. Jedes Kind erhält einen Briefumschlag. Die Kinder werfen einen Blick in die Umschläge und lassen sie auf ihrem Platz liegen. Die anderen Puzzleteile vervollständigen das Puzzle. Eine größere Anzahl an Teilen erschweren das Zusammenfinden. Haben sich die (vermeintlichen) Gruppen gefunden, so dürfen alle Teilnehmer schauen, ob die Teile wirklich zusammenpassen.

Wäscheklammernraten

Die Kinder bekommen jeweils mehrere Wäscheklammern, die sie sich an ihre Hose klammern. Nun schreibt sich jeder drei Fragen zum Tag auf. Die Antworten gehören auch dazu. Die Kinder bewegen sich im Klassenraum, finden sich mit einem Partner zusammen und stellen sich gegenseitig eine Frage. Wird diese richtig beantwortet, bekommt jeder eine Klammer von der Hose des anderen und darf sie sich an den Ärmel klammern.

Wer die Frage falsch beantwortet, bekommt keine Klammer. Nun wird ein neuer Partner gesucht. Wer keine Klammern mehr abzugeben hat, kann keine Fragen mehr stellen. Fragen beantworten kann er noch. Kommt es zu Unstimmigkeiten wegen der Antworten, muss der Spielleiter helfen.

Ich habe heute gelernt ...

Bei diesem Spiel geht es reihum. Ein Kind beginnt: „Ich habe heute gelernt, dass ...“ Das zweite Kind wiederholt das Ganze und fügt etwas Neues an. Das wird immer weitergeführt, bis ein Kind ins Stocken gerät und nicht mehr weiterweiß. Nun darf das folgende Kind neu anfangen.

Collage

Jedes Kind bringt zwei Teile mit in den Abschlusskreis, die ihm besonders passend zum heutigen Tag erscheinen. Das können Unterrichtsmaterialien sein oder Stifte, etwas Selbstgebasteltes oder auch etwas vom Schulhof. Den Kindern sollte am Morgen gleich angekündigt werden, dass sie später etwas präsentieren müssen. Alle Gegenstände werden in die Mitte gelegt. Nun darf jedes Kind reihum einen Gegenstand nehmen und an eine andere Stelle legen. Dabei darf nicht gesprochen werden.

Die Collage wird fotografiert und besprochen. Warum liegen die Sachen dort, wo sie liegen und was haben sie miteinander zu tun?

Bevor alle gehen, nimmt sich jeder seine Gegenstände wieder aus dem Kreis heraus.

Wer findet ein passendes Wort?

Ein Kind denkt sich eine Bedingung aus, die ein Wort haben muss. Das kann zum Beispiel sein, dass es ein Nomen sein muss, ein Wort mit Doppelkonsonant, ein Fachbegriff aus der Mathematik, ein Wort aus einem gewissen Wortfeld, ein Wort mit einem bestimmten Anfangsbuchstaben oder Ähnliches. Diese Bedingung verrät es zwei anderen Kindern, die im Uhrzeigersinn rechts von ihm sitzen. Die beiden nennen nacheinander ein passendes Wort. Nun muss das nächste Kind sich ein Wort ausdenken, das dazupasst. Die drei eingeweihten Kinder müssen entscheiden, ob es passt oder nicht. Ein Kind, das sich sicher ist, dass es die Bedingung kennt, kann auch statt eines Wortes diese Bedingung nennen. Wer eine Bedingung richtig benennt, der kann sich eine neue Bedingung ausdenken.

Fang den Ball

Die Kinder sitzen im Kreis. Der Lehrer hat einen weichen Ball. Er stellt eine Frage und wirft einem Kind den Ball zu. Wer den Ball fängt, muss entweder die Frage beantworten oder eine vorgegebene Aufgabe (wie zum Beispiel das Herumhüpfen um den Kreis oder das Zählen bis 100) erfüllen. Wurde die Aufgabe korrekt erfüllt, darf der Ball mit einer neuen Aufgabe weitergeworfen werden. Wurde sie nicht korrekt beantwortet, muss sie derjenige beantworten, der die Frage gestellt hat. Bei einer falschen Antwort muss die Strafaufgabe erfüllt werden.

Begriffe raten

Jedes Kind bekommt einen Zettel, auf dem ein Begriff steht, der im Zusammenhang mit dem Lernstoff steht. Nun darf ein erstes Kind aufstehen und die anderen dürfen Fragen zu seinem Begriff stellen. Die Fragen dürfen nur Fragen sein, die mit Ja und Nein beantwortet werden können. Solange die Frage mit Ja beantwortet wird, wird weitergefragt. Nach fünf Nein-Antworten wird ein anderes Kind befragt. Wer einen Begriff erraten hat, darf die Karte behalten. Es wird ein anderes Kind befragt.

Verflixte 7

Die Kinder zählen reihum. Immer dann, wenn in einer Zahl eine 7 vorkommt, wie zum Beispiel in 7, 27 oder 73, muss an dieser Stelle „Piep“ gesagt werden.

Variante 1: Es kann auch jede andere Zahl genommen werden.

Variante 2: Wenn die Kinder das Einmaleins schon können, sind auch die Vielfachen der gesuchten Zahlen erlaubt.

Variante 3: Statt einer Zahl kann auch noch eine zweite ausgewählt werden; so wird die Aufgabe ziemlich schwierig.

Variante 4: Noch komplizierter wird das Ganze, wenn die eine Zahl im Uhrzeigersinn herumläuft und die andere gegen den Uhrzeigersinn.

Das war nicht so

An der Tafel stehen einige Merksätze zum heutigen Tag. Zwei Kinder werden nach draußen geschickt. In den Merksätzen wird etwas verändert und die beiden, die draußen waren, müssen herausfinden, was verändert wurde.

Menschenmischmasch

Zwei Kinder gehen nach draußen, bei einer ungeraden Anzahl an Kindern auch drei. Die anderen bilden Zweiergruppen. Die Paare einigen sich auf ein Wort, das etwas mit dem Unterricht zu tun hat. Am besten ist es, wenn sie sich absprechen, damit nicht zwei Paare das gleiche Wort haben. Es ist gut, wenn nicht unbedingt befreundete Kinder ein Paar bilden. Nun dürfen die beiden Kinder, die draußen waren, wieder hereinkommen. Das erste Kind beginnt und darf sich zwei Kinder aussuchen, die ihre Worte nennen müssen. Sind sie gleich, stellen sie sich hinter dem Kind auf und das Kind darf noch einmal probieren, ein Paar zu finden. Gelingt es nicht, ein Paar zu finden, ist das andere Kind an der Reihe.

Variante: Es werden keine Begriffe genommen, sondern Lieder gesummt.

Begriffe sammeln

Jedes Kind denkt sich einen Begriff aus, der zum Unterricht des vergangenen Tages passt. Die Begriffe werden auf zwei kleine Karten geschrieben. Eine davon bleibt beim Kind, die andere bekommt der Spielleiter. Dabei können Begriffe auch doppelt vorkommen.

Der Spielleiter sammelt nun alle Begriffe und liest, wenn alle vorhanden sind, diese einmal vor. Ein Kind darf nun beginnen und ein anderes befragen, um den Begriff herauszufinden. Die Fragen müssen so gestellt sein, dass sie nur mit „Ja“ oder „Nein“ beantwortet werden können. Bei einem „Ja“ darf weiter gefragt werden, bei einem „Nein“ ist das nächste Kind im Uhrzeigersinn an der Reihe.

Wird ein Begriff erraten, muss sich das Kind hinter denjenigen stellen, der den Begriff erraten hat. Die beiden bilden nun ein Team und dürfen gemeinsam versuchen, einen weiteren Begriff zu erraten. Wird der Begriff eines Kindes erraten, das vorne in einem Team steht, so muss sich das ganze Team gemeinsam hinter das Kind stellen, das es schließlich erraten hat.

Was weißt du noch?

Die Kinder sitzen im Kreis. Das erste Kind wird gefragt: „Was weißt du noch?“ Es antwortet mit einem Begriff aus dem Unterrichtsstoff. Nun wendet es sich an das Kind, das rechts neben ihm sitzt und fragt wieder: „Was weißt du noch?“ Dieses Kind wiederholt nun den ersten Begriff und fügt einen zweiten hinzu. Die folgenden Kinder fügen weitere Begriffe hinzu, sodass eine Begriffsschlange entsteht. Wenn ein Kind durcheinanderkommt oder nicht mehr weiterweiß, ruft es: „Durcheinander!“

Alle Kinder müssen sich nun einen neuen Platz suchen und alles geht von vorn los.

Wie aus der Pistole geschossen

Die Klasse wird in zwei Gruppen geteilt. Ein Spielleiter stellt nun Fragen zum Unterricht. Die Gruppen sind immer abwechselnd mit dem Beantworten an der Reihe. Es dürfen nur Fragen gestellt werden, die mit wenigen Worten beantwortet werden können.
Jeder in der Gruppe, die gerade befragt wird, darf antworten. Vor dem Beantworten muss er jedoch aufspringen. Es darf nur dieses Kind, das zuerst aufgesprungen ist, die Antwort geben.
Die Antwort muss innerhalb von fünf Sekunden abgeschlossen sein. Ist sie das nicht oder wurde sie falsch beantwortet, wird die Frage an die andere Gruppe weitergegeben. Die Gruppe, die die Frage richtig beantwortet hat, bekommt einen Punkt.

Zeitlupenaufnahme

Kleinere Gruppen von Kindern finden sich zusammen und bekommen eine Aufgabe gestellt. Sie müssen etwas nachspielen, das mit dem Unterricht zu tun hat. Das können Begriffe aus dem Sachunterricht sein oder auch bestimmte Wortarten. Aber diese Begriffe müssen ganz langsam nachgespielt werden, so wie in einer Zeitlupenaufnahme. Die anderen Kinder müssen raten, was gespielt wird.

Sil-ben-wör-ter

Die Kinder bekommen in kleinen Gruppen die Aufgabe, sich mit den Wörtern auseinanderzusetzen, die sie gelernt haben. Das Wort muss in Silben getrennt werden. Jedes Kind sagt nun eine Silbe des Wortes: zum Beispiel Mul-ti-pli-ka-tion. Sollten in dieser Gruppe nicht genügend Kinder für ein Wort sein, so übernimmt jeder mehrere Silben.

Variante: Schwieriger wird es, wenn die Silben durcheinander aufgesagt werden. Dazu müssen in der Gruppe genauso viele Kinder sein, wie das Wort Silben hat. Jedes Kind bekommt eine Silbe des Wortes. Die Kinder mischen sich und stellen sich in einer Reihe auf. Sie sagen nun die Silben des Wortes auf. Bei dem Beispielwort „Multiplikation" kann daraus zum Beispiel „Tion-Mul-Ka-Ti-Pli" werden. Durch Umstellen müssen die anderen Kinder das richtige Wort herausfinden.

Schnelle Assoziation

Ein Kind beginnt und nennt ein Wort, das aus dem heutigen Unterricht stammt. Das nächste Kind hat nun dreißig Sekunden Zeit, ein anderes Wort zu nennen, das damit im Zusammenhang steht. Jetzt muss ein Wort gefunden werden, das mit dem zweiten Wort in Verbindung steht und so weiter.

Variante: Man kann bei diesem Spiel Einschränkungen vornehmen und bestimmte Wörter, zum Beispiel Wortarten, ausschließen oder nur eine einzige Wortart zulassen.

Schlangenwörter

Die *Weserdampfschiffkapitänsmütze* ist nur ein Beispiel für ein Schlangenwort. Finden die Kinder auch welche, die zum Thema passen?

Variante: Wenn das zu schwer ist, können auch kleinere Schlangenwörter gebildet werden. Mit dem Teil des Wortes, mit dem das eine Wort aufhört, muss das nächste Wort anfangen.

Nachrichtenschmuggel

Der Spielleiter schreibt eine Aufgabe auf einen Zettel, die etwas mit einem Thema des heutigen Tages zu tun hat. Dann wird der Zettel klein zusammengefaltet und in einer Dose versteckt. Zwei Kinder sind nun die Detektive, die herausfinden müssen, wo die Aufgabe versteckt ist. Dazu stellen sie sich in die Mitte des Kreises, den die anderen Kinder um die beiden Detektive herum bilden. Die Kinder halten ihre Hände auf dem Rücken und geben die Dose vorsichtig weiter, so vorsichtig, dass die Detektive in der Mitte der Kreises nicht merken, wo die Dose ist. Es darf auch an anderen Stellen so getan werden, als würde etwas weitergegeben. Auch die Richtung der Weitergaben darf verändert werden, allerdings darf niemand die Nachricht lange in der Hand halten.
Wenn einer der Detektive meint, die Dose aufgespürt zu haben, dann sagt er laut „Stopp!" Alle Kinder müssen augenblicklich ihre Hände nach vorne strecken. Dabei sollte das Kind, das die Dose hält, versuchen, sie in seiner Hand zu verstecken. Der Detektiv, der meinte, die Nachricht gefunden zu haben, deutet nun auf ein Kind, das seine beiden Hände zeigen muss. Sind die Hände leer, so darf der andere Detektiv auch eine Hand eines Kindes öffnen. Wird die Nachricht nicht gefunden, so dürfen die Kinder sie weitergeben und die Detektive müssen weiter versuchen, sie aufzuspüren.
Wenn die Nachricht gefunden wurde, dann wird sie erst einmal laut vorgelesen.
Jetzt muss die ganze Gruppe gemeinsam versuchen, die Aufgabe zu lösen. Die Detektive haben nun nur noch die Aufgabe, dies zu leiten und die Ergebnisse zu sammeln.
Der Spielleiter muss am Ende entscheiden, ob die Aufgabe richtig gelöst worden ist.

A wie ... und B wie ...

Manchmal ist es gar nicht so leicht, sich alles das zu merken, was an einem Schultag oder auch nur in einer Stunde besprochen wurde. Begriffe, die wiederholt werden, können dabei ein bisschen helfen. Alle Buchstaben des Alphabets werden in die Mitte des Stuhlkreises gelegt. Die Kinder beginnen reihum, sich einen Buchstaben zu suchen und diesen mit Begriffen zu füllen, die im Unterricht verwendet wurden.
Es wird ein anderes Kind aufgerufen, das die Möglichkeit hat, den Begriff zu erklären. Gelingt dies, darf es den Buchstaben behalten. Gelingt es nicht, ist ein weiteres Kind an der Reihe. Kann der Begriff gar nicht erklärt werden, so muss der Buchstabe wieder in die Mitte gelegt werden.

Variante: Es kann auch ein Begriff aus der Stunde genommen werden. Die einzelnen Buchstaben daraus werden genauso genutzt wie zuvor das komplette Alphabet.

Streng verboten

Die Kinder setzen sich auf ihre Plätze und der Spielleiter stellt Fragen zum Thema. Allerdings dürfen sich die Kinder nicht melden und der Spielleiter ruft auch nicht auf, sondern er wirft demjenigen, den er aufrufen möchte, den Ball zu.

Kann derjenige die Frage nicht beantworten, gibt eine falsche Antwort oder der Ball fällt herunter, so darf der Spielleiter eine „Strafe" verhängen. In dem Fall müssen sich alle Kinder auf die Tische setzen, das rechte Bein anwinkeln, das linke Auge schließen oder etwas anderes machen. Es muss gesagt werden: „Ab jetzt ist es streng verboten, auf dem Stuhl zu sitzen! Alle müssen auf den Tischen sitzen!" oder „Ab jetzt ist es streng verboten, durch das rechte Auge zu schauen! Alle müssen das rechte Auge schließen!" Wenn die Kinder drei Fragen hintereinander richtig beantworten oder der Spielleiter den Ball nicht fängt, dann werden alle Strafen sofort wieder aufgehoben.

Wörterketten

Es wird ein Oberbegriff genannt, der zum heutigen Thema passt und ein Kind nennt ein Wort. Nun muss das nächste Wort gefunden werden, das mit dem letzten Buchstaben des vorangegangenen Wortes beginnt.

Variante: Man kann auch der Reihe nach gehen. Wer kein Wort weiß, muss ein Pfand abgeben.

Bingo

Die Kinder zeichnen sich ein Feld auf. Dem Alter angepasst sind das zwischen 3×3- bis 5×5-Wörter aus einem bestimmten Bereich. Das können zum Beispiel Tiere sein, wenn es nur ums Lesen geht. Es kann sich aber auch um Fachbegriffe oder auch Begriffe handeln, die zur Auswahl an der Tafel stehen.
Es sollten jedoch eingegrenzte Wortfelder sein, denn sonst ist das Spiel aussichtslos.

Jetzt werden durch einen Spielleiter einzelne Begriffe genannt. Sobald diese angeführt wurden, darf der Begriff durchgestrichen werden. Hat ein Kind in einer Reihe alle Wörter waagerecht, senkrecht oder auch diagonal komplett durchgestrichen, ruft es „Bingo!" und hat gewonnen.

Variante 1: Es können auch die Begriffe umschrieben werden. Das macht es ein wenig schwieriger.

Variante 2: Statt Wörter werden Zahlen in einem bestimmten Zahlenraum verwendet, oder Zahlen, die bestimmte Eigenschaften erfüllen müssen, und es werden Mathematikaufgaben genannt.

Wolle auf dem OHP

Ein Kind legt aus Wolle Wörter auf dem OHP. Es können entweder lange Wollfäden genommen werden (Schreibschrift) oder einzelne kürzere Stückchen (Druckschrift), um ein Wort zu schreiben. Dieses wird auf dem OHP gelegt. Das Wort kann bei älteren Kindern frei gewählt aus dem Unterrichtszusammenhang stammen, bei jüngeren Kindern vorgegeben sein.

Die Kinder dürfen sich nun melden, wenn sie glauben, das Wort erkannt zu haben. Wer ein Wort erkannt hat, der darf das nächste Wort legen.

Variante: Die Begriffe werden schnell gelegt und wieder weggenommen. Die Kinder der Klasse schreiben sie schnell auf. Nach zehn Begriffen wird geschaut, wer die meisten richtigen Begriffe aufgeschrieben hat.

Was habt ihr heute gelernt?

Jeweils eine Gruppe von drei bis fünf Kindern stellt sich an einem Tisch zusammen und schreibt auf sieben Zettel etwas, von dem sie meinen, dass sie es heute neu gelernt haben. Diese Zettel legen sie umgekehrt auf den Tisch.

Sie gehen nun im Uhrzeigersinn einen Tisch weiter und nehmen sich dort eine Karte weg, ohne sich diese anzuschauen. Diese Karte legen sie auf den nächsten Tisch und nehmen sich dort eine neue Karte.

Das wird so lange gemacht, bis sie wieder an ihrem Tisch angekommen sind. Nun werden alle Karten umgedreht und die Kinder müssen versuchen, die Begriffe zu erklären. Für jede richtige Erklärung bekommt die Gruppe einen Punkt. Welche Gruppe bekommt die meisten Punkte?

Ich weiß was, was du auch weißt!

Die Kinder sitzen im Kreis und der Spielleiter beginnt, etwas zu erklären. Wer zuerst weiß, worum es sich handelt, kann einfach das Wort in die Klasse rufen. Stimmt es, so darf dieses Kind das nächste Wort erklären.

Geometrische Formen

Kinder kennen in der Regel schon in der ersten Klasse (bevor sie besprochen wurden) verschiedene geometrische Formen, wie ein Quadrat, einen Kreis oder ein Dreieck. Diese können sie vielleicht auch zeichnen. Doch wie sieht es aus, wenn sie diese legen sollen?

In kleinen Gruppen legen die Kinder nun die Figuren aus Seilen. Um das Ganze jedoch noch etwas schwieriger zu machen, werden den Kindern die Augen dabei verbunden. Schaffen sie es, die gewünschten Figuren zu legen?

Quiz-Zeit

Haben auch alle richtig aufgepasst? Hier kann das einmal gezeigt werden. Zwei Gruppen stehen hinter der Tafel. An der Tafel sind die Antworten A/B/C und D farbig angegeben und die Kinder haben (bei magnetischen Tafeln) einen Magneten oder einen Klebestreifen, mit dem sie die richtige Antwort markieren können.
Nun wird eine Frage vorgelesen, die zum Stoff des Unterrichts passt. Danach werden vier mögliche Antworten gegeben. Die Kinder entscheiden, was richtig ist. Die beiden Gruppen müssen ihre Antworten zeigen und es wird aufgelöst. Für jede richtige Antwort gibt es Punkte.

Variante 1: Es können auch noch andere Gruppen gebildet werden. Die Ergebnisse können auf Papier festgehalten werden. Allerdings muss gezeigt werden, was gewählt wurde, damit niemand mogeln kann, denn das könnte zu Diskussionen führen.

Variante 2: Wenn nicht alle Kinder mitmachen, können die Aufgaben auch aus der Kindergruppe gestellt werden.

Variante 3: Das Ganze kann auch als eine Rallye gespielt werden. Die Aufgaben hängen in der Klasse/im Schulgebäude aus. Die Kinder bekommen ein Blatt, auf dem sie für jede Aufgabe A/B/C/D ankreuzen können. Nachher werden die Blätter eingesammelt und ausgewertet.

Variante 4: Die Kinder stehen in zwei Reihen. In der Mitte zwischen den Kindern steht etwas, mit dem leicht ein Geräusch erzeugt werden kann, zum Beispiel ein Xylofon oder eine Trommel. Eine Frage wird laut gestellt und nun haben die beiden Kinder vorn in den Reihen die Möglichkeit loszulaufen. Wer zuerst das Instrument erreicht hat, darf ein Geräusch erzeugen und die Frage beantworten. Klappt das, bekommt die Gruppe zehn Punkte. Klappt das nicht, so bekommt die Gruppe keinen Punkt und das andere Kind ist an der Reihe, die Frage zu beantworten. Schafft das diese Gruppe, so bekommt diese Gruppe fünf Punkte. Geht es auch jetzt schief, so wird die Frage offen gestellt und alle Kinder dürfen antworten. Wer zuerst richtig antwortet, der bekommt immerhin noch zwei Punkte für seine Gruppe.

Ich male was, was du nicht siehst

Die Kinder stehen in zwei gleich langen Reihen. Die Kinder, die am Ende der Reihen stehen, bekommen jeweils ein Bild gezeigt. Dieses Bild muss nun auf den Rücken des Kindes gezeichnet werden, das vor diesem Kind steht. Es wird so lange gemalt, bis das Bild vorn ankommt. Das Kind, das vorn in der Reihe steht, schreibt auf, was es erkannt hat und schreibt das Wort auf die eine Seite hinter der Tafel. Anschließend rennt es nach hinten und ist nun das Kind, das das nächste Wort auf die Reise schickt. Die Gruppe, die die meisten Worte richtig herausgefunden hat, gewinnt.

Variante: Dieses Spiel kann auch zur Reflexion von Gefühlen genutzt werden. In dem Fall werden Gesichter gemalt und weitergegeben. Das erste Kind, das auflösen muss, und das Kind, das das Ganze abgeschickt hat, stellen sich nun Rücken an Rücken und stellen diese Gesichter nach.

So war es für mich!

Spiele zur Reflexion und zum Feedback

Brief an mich und an dich

Reflexion fängt bei jedem selbst an. Oft kann man nicht vor anderen Kindern sagen, was einem gut gefallen hat und was nicht. So macht es mehr Sinn, es erst einmal für sich selbst aufzuschreiben. Je ungeübter die Kinder darin sind, desto eher sollten sie Fragen zur Verfügung gestellt bekommen. Wer noch nicht so gut schreiben kann, kann auch malen. Wenn es jemanden gibt, dem man gern etwas Positives schreiben möchte, so ist dieses auch möglich. Diese Zettel werden in einer Kiste gesammelt und ein „Postbote" darf sie verteilen. Es gibt jedoch eine Bedingung: In diesen Briefen darf weder etwas Negatives noch etwas Verletzendes stehen.

So geht es uns

Die Kinder finden sich in kleinen Gruppen zusammen. Sie überlegen sich, wie sie sich fühlen und stellen dies pantomimisch dar. Jede Gruppe spielt ihr Ergebnis vor und die anderen müssen erraten, um welche Stimmung es sich handelt. Ist es eine nicht so gute Stimmung, kann man gemeinsam nachdenken, was man bessermachen könnte.

Unser Gruppenhaus

Wenn in der Gruppe zusammengearbeitet wurde, muss die Reflexion auch gemeinsam erfolgen. Die Kinder dürfen hier ein zweidimensionales Haus gestalten und dieses Haus mit verschiedenen Dingen füllen. Das, was nicht so gut war, kommt in den Schornstein, damit es nicht noch einmal auftauchen wird und sich besser verflüchtigt.

Im unteren Teil des Hauses stehen die Grundlagen, auf die aufgebaut werden muss. Im mittleren Teil stehen die neu erlernten Dinge. In den Fenstern tauchen überraschende Dinge auf. Im Dach steht das, was noch als Fragen offenbleibt. Wenn die Kindern noch nicht schreiben können, dürfen sie auch zeichnen oder die Dinge ausschneiden und aufkleben.

Zielscheibe

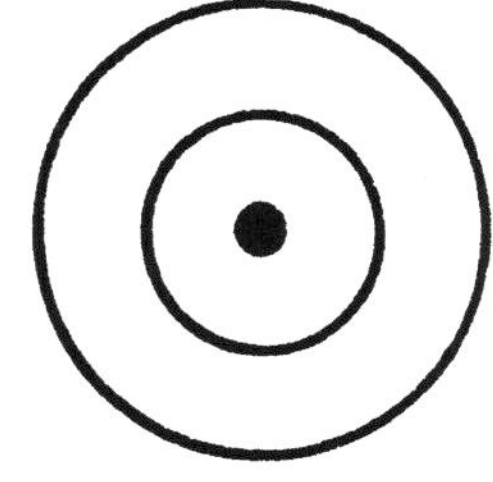

Eine ganz schnelle und klare Art, mit der Kinder ihre Meinung zur Unterrichtsstunde kundtun können, ist die Zielscheibe. Hier werden Begriffe (oder Abbildungen) in die Mitte geschrieben.

Es können auch zwei bis vier Begriffe eingetragen werden. Nun wird die Zielscheibe geteilt. Jedes Kind bekommt nun entsprechend der Anzahl der Begriffe einen Klebepunkt und darf den auf die Zielscheibe kleben. Je näher der entsprechende Punkt an der Mitte klebt, desto besser ist die Bewertung für die Stunde.

Blitzlicht

Die Kinder sitzen oder stehen im Kreis. Nun beginnt das Blitzlicht. Es geht reihum. Jedes Kind darf etwas sagen. Das kann ein Satz oder ein Wort sein – oder auch gar nichts. Niemand wird gezwungen, etwas zu sagen und es wird nichts kommentiert.

Um den Kindern den Einstieg in das Blitzlicht zu erleichtern, kann entweder eine ganz konkrete Frage gestellt oder gleich Dinge mitgegeben werden, mit denen die Kinder ihre Gefühle ausdrücken können. Das können zum Beispiel drei unterschiedliche Bälle mit Gesichtern oder Schilder mit einer Sonne und einer Wolke sein. So kann eines davon ausgewählt und mit den entsprechenden verbalen Äußerungen untermauert werden. Oft ist das einfacher, als frei zu reden.

Satzanfänge vervollständigen

Manchen Kindern fällt es leicht, sich zu äußern, andere wissen nicht, wie sie anfangen sollen. Hier kann es helfen, wenn Satzanfänge zur Verfügung stehen. Am besten wird eine Auswahl an Satzanfängen auf Karten geschrieben. Alle Anfänge kommen in ein Gefäß. Es wird nun daraus ein Satzanfang gezogen, der vervollständigt werden muss.

Beispiele für die Satzanfänge sind: „Ich fand gut, dass …" oder „Ich habe gelernt, dass …". Aber auch negative Dinge dürfen geäußert werden, wobei hier keine Person direkt angesprochen werden darf. „Mich hat gestört, dass …" oder „Ich habe mich nur schwer mit …" wären hier eventuelle Satzanfänge.

Papier falten

Jedes Kind bekommt ein Blatt Papier. Dieses Papier muss nun darstellen, wie sich das Kind fühlt. Dazu kann das Blatt gefaltet, zerrissen oder zusammengeknüllt werden. Es kann auf den Boden gelegt werden. Es kann beschrieben werden und so weiter. Es muss kurz erklärt werden, warum das Blatt so ist, wie es ist.

Ich fühle mich wie …

Der Spielleiter stellt einen kleinen Korb mit verschiedenen Gegenständen zusammen. Das können ganz verschiedene Gegenstände sein, wie ein Schlüssel, ein Radiergummi, ein Ball und vieles andere. Dieser Korb wird nun reihum gegeben und jedes Kind darf sich einen Gegenstand herausnehmen, kurz erklären, warum es genau den Gegenstand genommen hat, und wieder in den Korb legen. Natürlich können Gegenstände auch doppelt verwendet werden.

Wir führen ein Telefongespräch

Die Kinder sitzen im Kreis und eines von ihnen bekommt ein Telefon. Es soll ein Telefongespräch führen und dem imaginären Gegenüber erzählen, was es erlebt hat und was dabei gut und was schlecht am Unterricht war. Diese Art der Reflexion ist für einige Kinder sehr leicht, anderen fällt es eher schwer, einigen auch sehr schwer.

Niemand sollte verbogen werden. Es gibt Menschen, die sich auf diese Art nicht gern öffnen. Diese Kinder zu zwingen, bringt wenig. Für sie sollten andere Formen gewählt werden.

So fühle ich mich gerade

Jeder hat bestimmte Wahrnehmungen, wie es ihm gerade geht, und kann dafür eigentlich schnell ein Adjektiv finden. Doch manchmal ist es gar nicht so einfach, das aufzuschreiben – zum Beispiel, wenn man sich an die Tafel stellen, auf dem linken Bein stehen und das rechte Bein dabei hin und her schwingen muss.

Diejenigen, für die das zu einfach ist, können den Arm, der nicht zum Schreiben benötigt wird, von rechts nach links bewegen. Nun ist es ganz schön schwer, seine Gefühle auf das Papier bzw. an die Tafel zu bringen.

Lustige Knicksätze

Jedes Kind bekommt ein Blatt Papier. Es wird ein Thema vorgegeben, zu dem die Schüler schreiben sollen, zum Beispiel über die Gefühle zum heutigen Tag. Dazu schreiben die Kinder einen Satz. Anschließend schreiben sie in die nächste Zeile einen weiteren Satz, der zum ersten Satz passt. Der erste Satz wird nun verdeckt und das Blatt wird in einem vereinbarten Zyklus weitergegeben.

Auf dem neuen Blatt wird nichts aufgeknickt. Es wird lediglich der letzte geschriebene Satz gelesen. Zu diesem Satz wird ein passender neuer Satz geschrieben und gleich noch einer. Wieder wird das Blatt so geknickt, dass nur noch der letzte Satz zu lesen ist und das Blatt wird weitergegeben.

Entsteht an einer Stelle ein Stau und es liegen gleich mehrere Blätter dort, die darauf warten, beschrieben zu werden, so können sie einfach weitergegeben werden – bis zu einem Kind, das nichts zum Schreiben hat.

Wenn das Blatt vollgeschrieben ist, bleibt es einfach liegen. Nach einiger Zeit werden alle Blätter eingesammelt und wieder verteilt. Jetzt dürfen die Kinder, die sie vor sich liegen haben, die Geschichten für sich lesen. Danach wird gemeinsam in einer kleinen Gruppe gelesen. Die besten Geschichten werden ausgewählt, um sie in der großen Runde vorzulesen.

Variante: Statt zu schreiben wird ein Bild gemalt. Hier wird so viel weggeknickt, dass nur noch einzelne Striche sichtbar sind. An die muss nun mit dem nächsten Bild angeschlossen werden.

Schnipselnotizen

Die Kinder bekommen Zeitungen, Zeitschriften und andere alte Druckerzeugnisse. In diesen dürfen sie herumsuchen – bis sie die Wörter finden, die sie brauchen können.

Aus den Wörtern sollen sie zwei Sätze bilden, die den heutigen Tag beschreiben. Es dürfen Wörter hinzugefügt werden. Allerdings muss die Anzahl der Wörter, die ausgeschnitten wurden, höher sein als die Anzahl der Wörter, die hinzugefügt wurden.

Die fertigen Blätter werden schließlich ausgestellt.

Die Murmeln auf dem Teller

Auf einen flachen Teller wird eine Murmel gelegt.

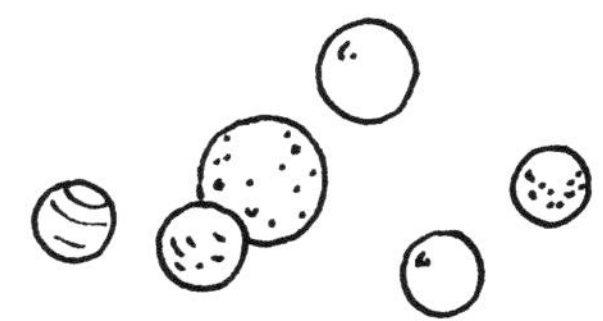

Nun wird der Teller von einem Kind zum nächsten weitergegeben. Dabei darf die Murmel aber nur am Rand entlangrollen, nie durch die Mitte und auf keinen Fall auf die Erde fallen. In dem Fall muss der Teller wieder an den Anfang gegeben werden.

Wer es geschafft hat, den Teller weiterzugeben – der darf sagen, wie es ihm dabei geht und wer den Teller nun abnehmen muss.

Variante: Wenn die Kinder noch jünger sind, kann man den Teller auch trotzdem weitergeben und es nur bei den Gefühlsäußerungen belassen.

So fühle ich mich gerade

Für dieses Spiel müssen sich die Kinder zunächst darüber bewusst sein, wie sie sich selbst fühlen. Damit die Kinder das lernen, können vor dem Spiel ein paar Gefühle zum Ausdruck gebracht werden.

Wie fühlt sich jemand, der wütend ist, wie sieht er aus? Genauso geht man mit Glück, Interesse, Trauer und so weiter um.

Wenn die Kinder schon schreiben können, so dürfen sie nun ihre Gefühle auf einen Zettel schreiben. Sollten sie noch nicht schreiben können, so vereinbaren die Kinder bestimmte einfache Gesichter, wie zum Beispiel diese hier:

Nun werden die Gefühle an der Tafel gesammelt. Anschließend darf sich jeweils ein Kind für ein Gefühl an die erste Position stellen. Alle anderen, die sich genauso fühlen, dürfen sich hinter das Kind stellen.

Die Gruppe spricht darüber, ob sie sich wohlfühlen und ob es gute oder schlechte Gefühle sind. Wenn sich die Kinder dabei wohlfühlen, dürfen sie sich weiter so fühlen – wenn sie sich nicht wohl dabei fühlen, wäre es gut, wenn sie sich überlegen, wie sie sich besser fühlen könnten.

Gegen alle Regeln

Die Kinder haben alle einen Ball. Sie sitzen im Kreis und werden dazu aufgefordert, den Ball in die Mitte des Kreises zu legen. Die Aufgabe lautet nun, sich einen Ball wiederzuholen – egal wie, denn es gibt keine Regeln.

Allerdings nimmt der Spielleiter ein paar Bälle aus dem Spiel heraus. Wer einen Ball hat, setzt sich wieder hin – wer keinen hat, muss den Kreis verlassen.

Der Spielleiter nimmt immer mehr Bälle weg und immer mehr Kinder scheiden aus.

Damit ist das Spiel jedoch nicht zu Ende. Die Kinder werden nach dem Spiel gefragt, wie das Spiel geht. Im Anschluss daran werden sie noch einmal gefragt, wie die Regeln dieses Spiels geheißen haben.

Dabei wird herauskommen, dass sie sich sehr wohl an eine Menge Regeln gehalten haben. Ohne Regeln geht es nicht und genau das haben die Kinder gerade in diesem Spiel bewiesen!

Heute bin ich rot

Farben können Gefühle ausdrücken, jedoch ist das nicht immer eindeutig. Für den einen bedeutet zum Beispiel Rot etwas Positives (darum wird auch die Liebe mit Rot beschrieben). Für den anderen meint es etwas, das lebenswichtig ist, wie zum Beispiel Blut. Der Letzte kann vielleicht mit „Rot“ gar nichts anfangen und für ihn ist Rot das sprichwörtliche „rote Tuch“.

Die Kinder dürfen nun auf einem Blatt mit Farben darstellen, wie sie sich fühlen. Am besten geht das mit Wasserfarben, da Gefühle ineinander(ver)laufen können und man so ganz schnell ein Blatt füllen kann.

Alles kein Problem!

Spiele zur Konfliktlösung und zum Sozialen Lernen

Namen mit Zipp und Zapp

Die Kinder sitzen im Stuhlkreis. Eines steht in der Mitte. Wenn es auf ein Kind deutet und „Zipp“ sagt, muss dieses Kind ganz schnell den Namen des Kindes nennen, das rechts neben ihm sitzt. Sagt das Kind „Zapp“, so muss der Name des Kindes links genannt werden. Wird „Flop“ gesagt, müssen alle Kinder sofort den Platz wechseln. Bei „Top“ muss das Kind, auf das gezeigt wird, seinen eigenen Namen nennen. Das kann bei hohen Geschwindigkeiten sehr verwirrend sein, besonders in Gruppen, die sich noch nicht so gut kennen. Das Kind in der Mitte kann entweder bei „Flop“ einen neuen Platz bekommen und das Kind, das keinen Platz mehr hat, wird zum neuen Spielleiter. Oder es darf den Platz mit einem Kind tauschen, wenn dieses einen falschen Namen nennt.

Hände drücken

Die Kinder stehen im Kreis. Der Raum ist abgedunkelt oder alle Kinder tragen Augenbinden. Letzteres ist jedoch nur bei älteren Kindern zu empfehlen, die sich in einer sicheren Umgebung wissen. Ein Kind darf nun anfangen und mit der rechten Hand die linke Hand seines Nachbarn zu drücken. Das Kind, dessen linke Hand gedrückt wurde, gibt den Händedruck nun so weiter, wie es ihn bekommen hat. Bei jüngeren Kindern geht es nur um die Anzahl der Bewegungen. Später, mit zunehmender Geschicklichkeit der Kinder und einem besseren Einfühlungsvermögen, können auch Rhythmen weitergegeben werden, wie zum Beispiel kurz – lang – kurz – kurz.

Gruppenbildung

Die Kinder bewegen sich frei im Raum. Eventuell kann Musik gespielt werden. Der Spielleiter nennt nun eine Zahl. Jetzt müssen sich der Anzahl entsprechend Kinder zusammenfinden. Wer hier zu lange zögert und nur mit seinen Freunden zusammen sein möchte, der findet eventuell keine passende Gruppe.
Die Gruppen lösen sich wieder auf und bewegen sich frei, bis eine andere Zahl genannt wird.

Partnertanzen

Die Kinder werden in Zweiergruppen eingeteilt. Die Paare bekommen jetzt die Aufgabe, sich zu berühren. Am einfachsten ist es am Anfang, wenn sich die Kinder an der Hand halten. Die Musik wird eingeschaltet. Die Kinder müssen sich zur Musik bewegen und dürfen sich, während die Musik läuft, so festhalten. Wird die Musik angehalten, müssen sie so verbleiben, wie sie waren. Wer sich zwischendurch oder während des Tanzens losgelassen hat, scheidet aus.

In der Pause dürfen die Kinder nun besprechen, wo sie sich nun berühren, zum Beispiel am Rücken, an den Füßen. Dieses muss wieder so lange beibehalten werden, bis die Musik das nächste Mal stoppt.

Variante: Ein Luftballon muss die ganze Zeit zwischen den beiden Kindern gehalten werden. Das ist gar nicht so leicht. Sollte er herunterfallen, muss das Paar ausscheiden.

Viele Hände verstärken das Chaos

Alle Kinder außer einem bilden einen Kreis und schließen die Augen. Sie gehen mit ausgestreckten Händen aufeinander zu. Jeder greift nun jeweils eine Hand. Wer zwei Hände gefunden hat, darf die Augen wieder öffnen. Das Kind, das nicht mitgemacht hat, hat nun die Aufgabe, alles zu entwirren. Es darf Kinder bitten, über Hände hinwegzusteigen oder unter ihnen durchzukrabbeln.
Als Joker dürfen fünf Kinder herausgelöst werden. Die freigewordenen Hände dürfen neu verbunden werden. Die fünf Kinder müssen nun mithelfen, die anderen zu entwirren. Lässt sich wieder ein Kreis herstellen?

Überraschungspaket

Es wird ein Überraschungspaket gepackt. In die Mitte kommen, je nach Anzahl der Kinder in der Klasse, viele Kleinigkeiten: Radiergummis, Sticker, Bleistifte, kleine Spiele etc. Dieses wird nun verpackt und außen auf der Packung steht eine Aufgabe. Folgende Aufgaben würden sich hier anbieten: „Alle Tische sind aufgeräumt.“, „Alle Turnbeutel hängen ordentlich an ihrem Platz.“, „Heute gab es keinen Streit in der Klasse.“, „Alle Kinder sind nach der Pause pünktlich in die Klasse gekommen.“
Nun wird eine weitere Kleinigkeit zusammen mit dem Päckchen verpackt und es kommt eine Aufgabe auf die Verpackung. Das kann zum Beispiel sein: „Den Papiermüll herausbringen“, „Die Tafel besonders gut putzen“, „Eine Nachricht ins Büro bringen“, „Jemandem helfen“. Das Paket wird weiterverpackt, eine neue Kleinigkeit dazugepackt und mit einem neuen Auftrag versehen. Es sind auch in den Umverpackungen genau so viele kleine Geschenke, wie es Kinder in der Klasse sind.
Die Klasse bekommt nun das Geschenk. Es darf aber nicht eher ausgepackt werden, bis ein Kind die erste Aufgabe erfüllt hat. Die zweite Aufgabe muss von einem anderen Kind erfüllt werden usw., bis jedes Kind eine Aufgabe erfüllt hat. Die letzte und große Aufgabe nehmen sich alle zusammen vor.
Es muss nicht zwangsläufig jeden Tag eine Aufgabe erfüllt werden. Aber vielleicht werden auch einmal zwei nacheinander erfüllt. Je mehr alle mithelfen, desto schneller kommt man gemeinsam ans Ziel. Es muss nur aufgepasst werden, dass für jeden eine Aufgabe bleibt. Vielleicht können alle Namen an die Tafel geschrieben werden und immer dann, wenn eine Aufgabe gelöst wurde, wird der Name weggewischt. Oder die Namen stehen auf Wäscheklammern und werden von einer Leine an eine andere gehängt. Jedes Mal wenn eine Aufgabe erfüllt ist, darf das Geschenk bis zur nächsten Aufgabe ausgepackt werden.

Redakteur sein

In der Klasse wird eine große Wandzeitung aufgehängt. Das können entweder große Plakate sein oder eine Tapetenrolle. Nun gibt es große Überschriften. Diese können sein: „Das finde ich gut“, „Das mache ich gern“, „Mir hat jemand geholfen“, „Das müssen wir verbessern“ o. Ä. Die Kinder dürfen immer dann, wenn sie etwas eintragen möchten, auf die „Zeitung“ schreiben. Im Abschlusskreis wird Neues vorgelesen.
Allerdings sind hier beleidigende Kommentare oder Kommentare, die eine Person angreifen, nicht erlaubt.

Das bin ich nicht mehr

Jeder Mensch hat Eigenschaften an sich, die er nicht mag, die ihn vielleicht selbst stören. Die Kinder setzen sich in Paaren oder Kleingruppen auf den Fußboden. Jeder überlegt sich einmal, was ihn an sich selbst stört, und schreibt oder malt das auf. Das ist manchmal gar nicht einfach und eventuell fällt dem einen oder anderen auch gar nichts ein. Wenn alle fertig sind, sehen sie sich gegenseitig an, was sie aufgeschrieben haben. Nun werden die die Zettel symbolisch zerrissen, um zu zeigen, dass sie eben diese Eigenschaften nicht mehr akzeptieren.
Hierbei ist Vorsicht geboten und es darf nicht zu oft gemacht werden. Wer sich zu viel vornimmt, schafft es nicht und ist enttäuscht. Außerdem besteht ein Mensch aus verschiedenen Eigenschaften und Eigenheiten. Manche sind positiver als andere. Es ist wichtig, sich auch selbst zu akzeptieren, wie man ist. Aber ab und zu kann man jedoch durchaus versuchen, kleine Eigenheiten an sich zu ändern.

Kartenrutschen

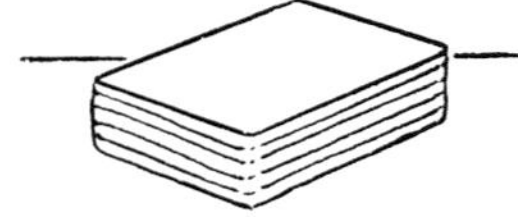

Für dieses Spiel werden zwei identische Kartenstapel benötigt.
Alle Kinder sitzen im Kreis. Der Spielleiter teilt die Karten aus.
Jeder schaut sich seine Karte an und legt sie unter seinen Sitz.
Der Spielleiter nimmt aus dem anderen Stapel eine Karte auf und nennt sie laut. Bei gleicher Farbe (Herz, Kreuz, Pik und Karo) darf jeder, dessen Karte auch diese Farbe hat, einen Platz weiterrutschen.
Sitzt schon jemand auf diesem Platz, so setzt man sich auf den Schoß des Nachbarn. Stimmt die Zahl (oder Bube, Dame, König, Ass), darf das Kind ebenfalls einen Platz weiterrutschen. Sollte es sich genau um diese Karte handeln, darf es zwei Plätze weiterrutschen. Sitzen mehrere Kind auf ein und demselben Stuhl, so darf nur das Kind, das oben sitzt, weiterrutschen – mit einer Ausnahme: Sollte jemand genau die aufgerufene Karte haben, so darf er auch einen Platz weiterrutschen, wenn er nicht oben sitzt. In dem Fall darf das Kind aber nur einen Platz weiterrutschen und nicht zwei.
Wer schafft es zuerst, seinen Platz zu erreichen?

Ich verzaubere dich

Jeder hat vielleicht einmal oder auch mehrmals das Bedürfnis, eine andere Person zu ändern. Ändern kann man niemanden, aber vielleicht Gedanken anregen, die zu einem Überdenken der eigenen Einstellung führen. Die Kinder bewegen sich langsam frei im Klassenzimmer. Drei Kinder sind nun die Zauberer und jeder von ihnen hat drei Zaubersprüche.

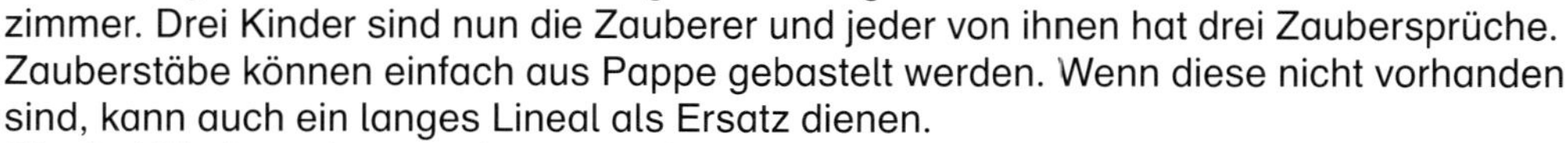

Zauberstäbe können einfach aus Pappe gebastelt werden. Wenn diese nicht vorhanden sind, kann auch ein langes Lineal als Ersatz dienen.
Die drei Kinder gehen nun herum und verzaubern drei andere Kinder. „Ich verzaubere dich in jemanden, der niemandem mehr wehtut." Oder: „Ich verzaubere dich in ein Mädchen, das immer pünktlich kommt."

Hier muss darauf geachtet werden, dass nur das verzaubert wird, dass man auch ändern kann. Zu zaubern, dass jemand endlich lesen kann oder besser wird in Mathematik, ist nicht ratsam, denn oft kann ein Kind das nicht verändern und fühlt sich eher dadurch herabgesetzt.

Murmeln im Glas

Die Kinder sitzen im Kreis. Der Spielleiter hat eine Murmel im Glas und gibt dieses Glas weiter. Dabei muss das Glas so langsam und mit ruhigen Bewegungen weitergegeben werden, dass die Murmel nicht an den Rand des Glases stößt. Passiert das, dürfen die beiden in der nächsten Runde nicht mehr mitspielen. Um zu hören, ob die Kugel an den Rand kommt, müssen alle Teilnehmer ganz leise sein.

Pferderennen

Bei diesem Spiel müssen alle gemeinsam etwas tun. Die Kinder sitzen in zwei sich gegenüberliegenden Reihen im Schneidersitz auf dem Boden. Sie müssen nun auf das reagieren, was der Spielleiter sagt.

1. „Kurve nach rechts“: Alle lehnen sich ganz weit nach rechts.
2. „Kurve nach links“: Alle lehnen sich ganz weit nach links.
3. „Wassergraben“: Alle Spieler tun mit den Händen so, als würden sie über einen Graben springen.
4. „Jubel“: Arme werden in die Luft gestreckt und es wird gejubelt.
5. „Trab“: Die Kinder schnalzen mit der Zunge.
6. „Galopp“: Die Kinder schnalzen schneller mit der Zunge.

Wenn kein Kommando genannt wird, wird auf die Oberschenkel getrommelt.

Wen magst du?

Alle Kinder sitzen im Kreis. Ein Kind hat keinen Stuhl und darf sich bei irgendeinem anderen Kind auf den Schoß setzen. Es stellt dem Kind, auf dessen Schoß es sitzt, die Frage: „Wen magst du?“ Es gibt nun zwei Möglichkeiten zu antworten. Entweder antwortet das Kind: „Meinen Nachbarn!“, dann darf es sitzen bleiben. Das andere Kind muss sich einen neuen Platz suchen und erneut fragen.

Andere Antwortmöglichkeiten lauten zum Beispiel: „Alle, die blaue Socken tragen!“, „Alle, die dunkle Haare haben!“ oder „Alle Mädchen!“. Nun müssen alle diese Kinder aufstehen und einen neuen Platz suchen. In der Zeit kann sich das Kind, das eben keinen Platz hatte, schnell einen neuen Platz suchen. Nun ist ein anderes Kind an der Reihe, sich einen neuen Platz zu suchen.

Wie eine Schlange

Die Kinder fassen sich in der Reihe an der Hand an. Nun beginnt das erste Kind, vorn an der Schlange zu krabbeln. Dabei darf es ruhig durch die Füße eines anderen Kindes krabbeln. Die anderen müssen hinterherkrabbeln, zwischen Beinen hindurch und über Tische und Stühle. Wichtig ist dabei nur, dass die Kette nicht reißen darf.

Wer ist der Chef?

Ein Kind geht nach draußen, während sich alle anderen im Kreis auf einen Chef einigen. Das Kind, das vor der Tür steht, darf wieder hereinkommen. Der Chef beginnt, etwas vorzumachen und die anderen Kinder machen das nach. Sobald der Chef klatscht, klatschen alle anderen auch. Wenn der Chef mit dem Kopf nickt, machen auch das alle nach und so weiter. Es ist nun die Aufgabe des Kindes, das draußen war, herauszufinden, wer denn nun wirklich der Chef ist.

Weitermalen

Die Kinder stehen im Kreis. Ein Kind beginnt und malt einem anderen Kind etwas auf den Rücken. Dieses gibt es genauso an seinen Nachbarn weiter. Interessant wird es, wenn das erste und das letzte Kind die Bilder an die Tafel nebeneinandermalen.

Flaschenhüter

Ein Kind steht in der Mitte des Kreises und muss wie ein Torwart im Tor eine Plastikflasche bewachen. Die Kinder im Kreis haben einen Softball und versuchen, die Flasche abzuwerfen. Das Kind in der Mitte darf den Ball mit den Füßen, aber nicht mit den Händen abwehren. Wenn es gelingt, die Flasche umzuwerfen, darf der Flaschenschütze neuer Hüter werden.

Zublinzeln

Die Kinder stellen sich in einem doppelten Kreis auf. So stehen immer zwei Kinder hintereinander. Ein Kind hat niemanden vor sich stehen. Dieses Kind blinzelt nun anderen Kindern zu, die vorn stehen. Der Hintermann muss jedoch versuchen, dieses Kind festzuhalten und am Weglaufen zu hindern. Schafft es das Kind zu entkommen, muss es sich nun hinter das Kind stellen, das es zuvor angeblinzelt hat. Schafft es das nicht, muss ein anderes Kind gefunden werden.

Variante: Dieses Mal stehen alle Kinder zu zweit da. In der Mitte steht ein Kind. Nun ruft das Kind, das in der Mitte steht, den Namen eines Kindes im äußeren Kreis. Jetzt muss das Kind vor dem Kind in die Mitte laufen. Das kann ziemlich verwirrend sein, denn die Kinder müssen immer ganz genau wissen, wer hinter ihnen steht. Das Kind, das in der Mitte gestanden hat, stellt sich nun hinter das Kind, dessen Namen es gerufen hat. Das Kind, das entkommen konnte, steht nun in der Mitte.

Streichhölzer stapeln

Jedes Kind bekommt zehn Streichhölzer. Eine Flasche steht in der Mitte des Kreises. Ein Kind beginnt und legt ein Streichholz auf eine Flasche. Ein zweites Kind legt ein Streichholz dazu. Es geht weiter reihum. Solange das Hölzchen liegen bleibt, ist das nächste Kind an der Reihe. Fallen die Hölzer jedoch herunter, muss das Kind, bei dem die Hölzer gefallen sind, alle aufheben, die gefallen sind.

Achtung, Lehrkraft! Beaufsichtigung ist bei Streichhölzern immer notwendig!

Reise nach Jerusalem extrem

Für dieses Spiel werden keine Stühle gebraucht. Es müssen Karten vorbereitet werden, die der Hälfte der Kinder entsprechen und die einen Stuhl als Symbol haben. Die andere Hälfte der Zettel ist mit Strichmännchen beschriftet.

Vor der ersten Runde bekommt nun jedes Kind einen Zettel ausgehändigt, darf aber noch nicht schauen, was darauf abgebildet ist. Erst wenn die Musik stoppt, schauen die Kinder nach. Die Kinder, die einen Stuhl haben, müssen sich auf die Erde setzen, und die Kinder, die ein Männchen darauf haben, setzen sich auf deren Schoß.

Sollten beim ersten Spiel alle Kinder einen Stuhl abbekommen, kommen alle eine Runde weiter. In diesem Fall wird eine Stuhlkarte durch eine Männchen-Karte ersetzt. So finden in der nächsten Runde zwei Kinder keinen Stuhl und müssen ausscheiden. Eine Stuhlkarte wird nun wieder durch eine Karte eines Männchens ersetzt. So scheiden in jeder Runde nun zwei Kinder aus. Nach jedem Durchlauf werden alle Karten neu verteilt.

Variante: Es können auch die Begriffe „rechts“ und „links“ auf den Karten stehen. Nun müssen sich immer zwei Kinder zusammenfinden, die eine rechte und eine linke Karte haben. Bei allen weiteren Spielen müssen immer zwei „rechts“- oder „links“-Karten zu viel im Spiel sein.

Deine Socken, meine Socken

Die Kinder sitzen im Kreis, eines der Kinder hat keinen Stuhl und steht in der Mitte. Das Kind in der Mitte geht zu einem Kind, zeigt seine Socken und sagt: „Ich habe [Farbe der Socken] Socken, und du?“ Dabei gelten natürlich auch bunte Socken oder gar keine Socken. Das Kind muss antworten: „Ich habe [Farbe der Socken] Socken.“

Stimmt die Farbe der Socken überein, müssen alle Kinder die Plätze tauschen. Jeder muss nun versuchen, einen Platz zu ergattern. Wer keinen Platz hat, muss wieder nach der Farbe der Socken der anderen fragen.

Das schnelle Buch

Bücher können spannend sein oder auch interessant, aber schnell? Bei diesem Spiel geht es jedoch darum, welches Buch schneller ist. Zwei Kinder, die sich im Kreis gegenübersitzen, bekommen jeweils ein Buch. Die Kinder können nun Wetten abschließen, welches Buch wohl schneller ist. Damit es nachher immer noch klar ist, kann man sich für das eine Buch den rechten Schuh ausziehen und für das andere den linken. Nun geht es los und die Kinder geben die Bücher beide im Uhrzeigersinn weiter. Wenn das eine Buch das andere eingeholt hat, hat das schnellere Buch gewonnen.

Wer auf das schnellere Buch gesetzt hat, hat auch gewonnen – wer auf das andere gesetzt hat, der muss eine Aufgabe für die Gemeinschaft erfüllen, bevor er sich seinen Schuh wieder anziehen kann (zum Beispiel die Stühle hochstellen, die Blumen gießen oder die Tafel wischen).

1, 2, 3 – du bist dabei

Zwei Kinder werden vor die Tür geschickt. Alle anderen setzen sich auf einen festen Platz im Stuhlkreis. Wichtig ist, dass diese Plätze erst eingenommen werden, nachdem die Kinder vor der Tür sind.

Nun werden die Kinder durchnummeriert. Platz eins wird besonders gekennzeichnet, zum Beispiel mit einer Tasche. Nun wechseln alle Kinder die Plätze und suchen sich einen neuen Platz im Stuhlkreis.

Jetzt kommen die beiden Kinder von draußen wieder dazu. Eins der beiden Kinder beginnt und nennt nun zwei Nummern, die den Platz wechseln sollen. Die Kinder stehen auf und tauschen die Plätze. Nun ist das andere Kind an der Reihe und darf auch zwei Nummern zum Wechseln animieren.

Wenn jemand auf seinem ursprünglichen Platz landet, stellt er zur Markierung seinen Stuhl mit der Lehne nach vorne hin und setzt sich falsch herum auf den Stuhl. Das Kind, das nun richtig getauscht hat, bekommt einen Punkt, der zum Beispiel als Strich an der Tafel festgehalten wird.

Beendet ist das Spiel, wenn alle Kinder auf dem richtigen Platz sitzen.

Wir fahren mit dem Zug

Die Kinder sitzen im Kreis. Ein Kind beginnt und steht auf. Es sagt dazu: „Ich fahre mit dem Zug nach (Name eines Ortes)". Nun rutscht das Kind, das rechts danebensitzt, auf und sagt: „Ich fahre mit!"

Das nächste Kind rutscht einen Platz weiter und sagt: „Ich nehme (Name eines Kindes) mit." Dieses Kind muss nun schnell auf den leeren Platz rutschen. Jetzt rutscht immer das Kind auf den rechten Platz, neben dem der Platz freigeworden ist und ruft ein anderes Kind auf, das es auf den jetzt freigewordenen Platz mitnimmt.

Das Kind in der Mitte muss versuchen, sich auf einen Platz zu setzen, der freigeworden ist. Wenn das gelungen ist, darf das Kind neu beginnen, welches so seinen Platz verloren hat.

Eintopf

Die Kinder sitzen im Kreis. Ein Kind geht als Geschichtenerzähler in die Mitte des Kreises. Der Stuhl wird zur Seite gestellt. Das Kind beginnt nun eine Geschichte zu erzählen. Währenddessen bleibt es nicht stehen, sondern bewegt sich dabei im Kreis. In die Geschichte müssen möglichst viele Namen von Kindern aus der Klasse eingebaut werden. Jedes Mal, wenn ein Name genannt wird, steht das Kind auf und geht hinter dem Geschichtenerzähler her.

Wenn dem Geschichtenerzähler nichts mehr einfällt, sagt er ganz plötzlich „Eintopf", und alle Kinder, die im Kreis sind, müssen sich nun schnell auf einen Platz setzen. Derjenige, der keinen Platz findet, ist nun der neue Erzähler.

Bildhauer

Einige Kinder sind die Bildhauer und müssen aus anderen Kindern ein Gruppenbild bauen. Bei dieser Aufgabe können auch „problematische" Gruppen gebildet werden, die Themen wie Ärger, Angst, Spaß oder Freude darstellen können.

Bis der Wecker klingelt

Die Kinder sitzen im Kreis und es wird eine „Strafaufgabe" festgelegt, wie zum Beispiel auf einem Bein hüpfen oder die Siebenreihe aufsagen. Nun wird ein kleines Päckchen gepackt. In das Päckchen hinein kommt ein Küchenwecker, der auf drei Minuten eingestellt wird. Anschließend wird das Päckchen verschlossen, sodass die Zeit, die die Uhr anzeigt, nicht abgelesen werden kann. Die Kinder geben jetzt das Päckchen von einer Person an die nächste weiter …

Derjenige, bei dem der Wecker klingelt, muss die Aufgabe erfüllen. Befindet sich das Päckchen gerade zwischen zwei Personen, so müssen beide die Aufgabe erfüllen. Wenn noch genügend Zeit ist, kann auch eine weitere Runde gespielt werden.

Risiko

In einem Luftballon befindet sich ein Aufgabenzettel. Auf diesem kann eine Aufgabe stehen, wie zum Beispiel: „Mache einen Handstand!" oder „Singe ein lustiges Lied!". Der Luftballon wird nun aufgepustet, aber nicht ganz stramm. Jetzt wird er reihum gegeben. Die Kinder müssen sich anschließend auf den Ballon setzen und derjenige, bei dem er platzt, muss die Aufgabe erfüllen. Gut ist es, wenn es noch mehrere Ballons gibt, die auch mit Aufgaben versehen sind und danach zum Einsatz kommen können.

Variante: Die Anzahl der Ballons kann denen der Kinder in der Klasse entsprechen. Aber nicht alle Ballons enthalten einen Aufgabenzettel. Nun werden die Ballons zunächst (zum Beispiel bei Musik) durch den Raum geworfen. Jedes Kind schnappt sich einen und lässt ihn platzen.

Aufgaben erfüllen

In einem großen Topf auf dem Pult sind viele Aufgaben vorhanden. Diese sind ganz einfach, wie zum Beispiel: „Öffne die Tür!“ oder „Wische die Tafel!“ Es sind mehr Zettel vorhanden, als Kinder in der Klasse sind. Jedes Kind bekommt einen Zettel und muss die daraufstehende Aufgabe erfüllen. Allerdings gibt es bei den Aufgaben auch solche, die sich widersprechen, wie zum Beispiel: „Male ein Bild an die Tafel!“ oder „Schließe die Tür!“. Die Kinder müssen ihre Aufgabe erfüllen, manchmal warten, bis zuvor eine andere Handlung ausgeführt wurde (wie zum Beispiel, die Tür zu öffnen) und können nun die Aufgabe erfüllen.
Wenn eine Aufgabe abgeschlossen wurde, muss der Zettel wieder zurückgebracht werden. Das Kind zieht eine neue Aufgabe und muss diese auch erfüllen.

Schaufenster betrachten

Drei Kinder sitzen auf Stühlen, so als ob sie in einem Schaufenster sitzen. Zwei andere kommen herein und betrachten die drei Personen ganz genau. Sie drehen sich um und ein anderes Kind verändert etwas an den „Schaufensterpuppen“. Das kann zum Beispiel ein Arm sein, der anders gebogen wird. Oder ein Detail einer Person wird an eine andere weitergegeben. Die beiden drehen sich wieder zurück und man sagt ihnen, wie viele Fehler sie finden müssen. Sie dürfen sich absprechen. Wie lange dauert es wohl, bis sie die Fehler finden?

Der Jurtenkreis

Dieses Vertrauensspiel kommt aus der kirchlichen Jugendarbeit, ist aber überall einsetzbar. Für die Umsetzung sollte unbedingt darauf geachtet werden, dass nicht ein kleines schwaches Kind neben einem sehr kräftigen steht. Die Gewichtsverhältnisse sollten in etwa ausgeglichen sein. Außerdem ist eine gerade Anzahl der mitspielenden Kinder zwingend erforderlich. Es wird nun abgezählt, wobei immer ein Kind eine „1“ bekommt und das andere eine „2“. Nun lehnen sich alle Kinder mit einer „1“ nach innen und alle Kinder mit einer „2“ nach außen. So entsteht schließlich ein Stern. Bevor alle wieder loslassen, sollten sie sich in ihre Ausgangsposition zurückbewegen, damit niemand hinfällt.

Im Kreis auf einem Bein

Die Kinder bilden einen Kreis und stellen sich sehr eng in diesem auf. Mit dem rechten Arm dürfen sie sich nun an ihrem rechten Nachbarn festhalten und heben das rechte Bein hoch. Wie lange schafft die Gruppe es, so zu stehen, ohne dass der Kreis auseinanderbricht?

Variante 1: Die Kinder lehnen sich nach vorne oder nach hinten und versuchen weiterhin nur auf einem Bein stehen zu bleiben.

Variante 2: Findet es die Gruppe leichter oder schwerer, auf dem anderen Bein zu stehen und sich mit der anderen Hand festzuhalten?

Ein Pullover für alle

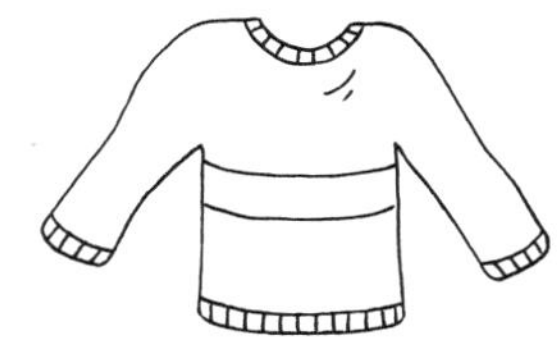

Die Kinder stehen im Kreis. Als Zubehör wird ein recht großer Pullover gebraucht. Ein Kind zieht nun diesen Pullover an und fasst das Kind, das rechts von ihm steht, an die Hand. Es muss den Pullover ausziehen und sein Nachbar, den es an der Hand hält, muss diesen Pullover anziehen.
Sobald es den Pullover angezogen hat, darf es seinen linken Nachbarn loslassen und muss den rechten Nachbarn anfassen und den Pullover weitergeben.

Raupenlauf

Für dieses Spiel ist eine Menge Koordination erforderlich. Die Kinder stellen sich hintereinander auf. Jedes Kind steckt ein Bein nach hinten, das vom Kind dahinter gehalten wird. Die Vorwärtsbewegung wird gemeinsam ausgeführt.
Die Kinder können nun testen, ob sie einfacher in kleinen oder großen Gruppen vorankommen. Ist der Lauf einfacher, wenn alle ein Bein nach hinten strecken? Oder ist es besser, wenn sie durcheinander das rechte oder linke Bein nach hinten strecken?

Der verseuchte See

Aus Springseilen wird ein Kreis gelegt. In der Mitte des Kreises liegt ein Schatz. Das kann eine kleine Kiste sein oder auch eine Münze. Die Kinder bilden Gruppen aus drei Mitspielern und müssen sich nun überlegen, wie sie die Münze aus dem „Wasser" holen können. Sie dürfen dabei weder mit den Händen noch mit den Füßen das „Wasser" berühren. Sie dürfen Stühle nutzen und was sie möchten – wichtig ist nur, dass sie nicht das imaginäre Wasser berühren. Je kleiner der Gegenstand ist und je größer der See, desto komplizierter wird die Angelegenheit. Eventuell muss die Gruppengröße auch erhöht werden, um den Schatz überhaupt erst erreichen zu können.

Die rettende Insel

Die Kinder stellen sich vor, sie wären Eisbären irgendwo auf einem kalten Meer. Auf dem Meer treiben große und kleine Eisschollen umher, die es möglich machen, sich gegenseitig zu besuchen. Die Kinder bauen sich also einen Parcours auf, bei dem Tische und Stühle mitten im Raum stehen und jeder sich darauf einen Platz sucht. Teppichfliesen stellen die kleinen Eisschollen dar, die beweglich sind und aufgenommen werden können.
Nun darf aber niemand in das Wasser hineinfallen, denn das ist ziemlich nass und kalt und tief und die Eisbären würden sofort abgetrieben. Wird das Meer also einmal mit der Hand oder dem Fuß betreten, ist das nicht schlimm. Steht jedoch ein Bär sofort mit beiden Beinen im Wasser, so wird er weggespült und scheidet aus.
Alle fünf Minuten bricht eine Eisscholle auseinander (der Spielleiter bestimmt, welche) oder eine Eisscholle verschwindet ganz. Die Tiere müssen also versuchen, sich zu retten und auf einer anderen Eisscholle einen Platz zu finden. Eisschollen dürfen bewegt werden, aber nur dann, wenn niemand darauf sitzt oder steht. Hier geht es gleichzeitig um Kooperation und Konkurrenzkampf, denn nur die letzten fünf Eisbären haben gewonnen und dürfen auf der letzten Eisscholle sitzen bleiben.

Ich führe dich

Hier arbeiten zwei Kinder in einem Team zusammen. Einer muss vom anderen durch einen Raum geführt werden. Derjenige, der geführt werden muss, hat entweder die Augen verbunden oder hält sie geschlossen. Das Führen des anderen kann zum Beispiel durch Antippen der rechten oder der linken Schulter geschehen. Dabei ist es wichtig, einen Not-Stopp einzubauen. Hier muss derjenige, der geführt wird, stehen bleiben, sobald der Führende ihn an beiden Schultern festhält.

Variante 1: Es ist ebenfalls möglich, dass mit leisen Kommandos geführt wird. Dazu ist es jedoch erforderlich, dass alle im Raum so leise wir möglich sind, damit sich jeder auf die Stimme seines Partners konzentrieren kann.

Variante 2: Dieses Spiel wird in einen größeren Raum verlagert, zum Beispiel in die Sporthalle oder auf den Schulhof. Hier gibt es ganz andere Hindernisse zu umgehen als im gewohnten Klassenzimmer.

Buh!

Die Kinder sitzen im Stuhlkreis, beugen sich ein wenig nach vorne und schließen die Augen. Ein Kind bekommt sehr leise einen Teller mit einem weißen Luftballon überreicht, auf den mit wasserfestem Stift ein Gesicht gemalt wurde. Nun geht es langsam und leise mit dem Ballon auf dem Teller durch den Stuhlkreis. Die Kinder dürfen nicht hochschauen, müssen aber durch Blinzeln, Beobachten und Horchen versuchen, den genauen Ort des Ballons zu ermitteln.

Sobald der Ballon vor dem Kind ist, darf dieses „Buh“ rufen und den Ballon damit vom Teller pusten. Gelingt das, so darf das Kind als Nächstes den Ballon herumtragen. Vorher muss das Kind allerdings noch dem Kind, dem es den Ballon heruntergepustet hat, danken und ihm etwas Nettes sagen.

Der Zauberstab

Bei diesem Spiel ist recht viel Kooperation gefordert. Vier bis sechs Kinder strecken ihre Zeigefinger aus und auf diesen wird ein Stock gelegt. Nun müssen die Kinder den Zauberstab an einem Ort ablegen, ohne ihn festzuhalten und ohne dass er herunterfällt. Je länger dieser Weg ist, desto schwieriger wird das Ganze.

Variante 1: Es können auch Hindernisse in den Weg eingebaut werden.

Variante 2: Das Spiel kann auch als Wettlauf gestaltet werden, sodass zwei Teams gegeneinander antreten.

Einer gegen den anderen

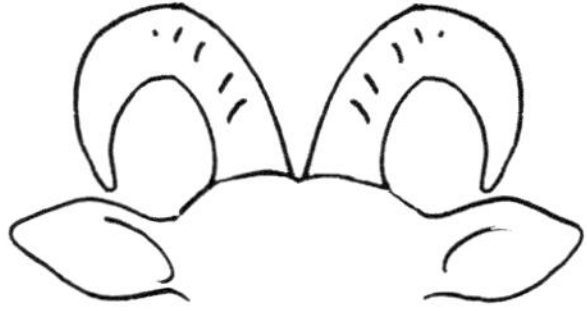

Es gibt immer Kinder, die sich nicht so gut verstehen. Vielleicht gibt es gerade einen kleinen Konflikt auszutragen. Für diese Kinder ist diese Aktivität genau richtig. Auf den Fußboden wird ein Springseil gelegt. Die beiden Kinder stellen nun Widder dar – Widder, die störrisch sein können und nicht einen Millimeter weichen wollen.

Die beiden stellen sich nun jeweils an eine Seite des Seils und versuchen, auf die andere Seite zu gelangen. Da es aber beide gleichzeitig versuchen, ist das natürlich schwierig. Weil Widder keine Hände haben, aber Menschen keine Hörner, müssen die Hörner mit den Händen dargestellt werden. Dazu verschränken die beiden Widder die Arme so, dass dabei die Ellenbogen nach vorne zeigen und nun dürfen sie sich gegenseitig stupsen. Damit die Stöße nicht zu stark werden, darf nur stupsen, wer selbst auf einem Bein steht. Nun heißt es aufpassen, damit man selbst nicht herunterfällt. Und dabei muss man schauen, ob der andere fällt. Passiert dieses, darf der andere ganz schnell auf die andere Seite laufen.

Sardinen in der Dose

In der Klasse oder im Bus ist es eng? Weit gefehlt! Die Kinder sollen sich einmal überlegen, wie sich Sardinen in der Dose wohl fühlen. Bei denen ist es nun wirklich eng! Und damit sie dies nachempfinden können, stellen sich immer acht bis zehn Kinder zusammen. Sie müssen ganz eng stehen.

Die äußeren Kinder umschließen die anderen mit ihren Händen. Jetzt ist es an der Gruppe, sich vorwärtszubewegen. Dabei können auch Hindernisse überwunden werden. Klappt das auch mit einer größeren Gruppe? Es muss ein Signal ausgemacht werden – denn sollte es zu eng für jemanden werden, muss die Gruppe sofort aufgelöst werden.

Klassenraum-Deckenkratzer

Wolkenkratzer wachsen in den Himmel. Im Klassenraum gibt es ein Limit: die Zimmerdecke. Die Kinder dürfen in Gruppen mit bis zu fünf Kindern ebenfalls einen Wolkenkratzer bauen. Jede Etage wird durch ein Blatt Papier an der Wand dargestellt.

Die Blätter werden mit Klebestreifen an der Wand befestigt und übereinandergeklebt. Je nach Alter wird hier ein Toleranzabstand festgelegt. Ist dieser später überschritten, so zählen alle Stockwerke über diesem Abstand nicht mehr.

Zum Aufhängen der oberen Blätter dürfen die Kinder sich recken und strecken. Sie dürfen sich gegenseitig auf den Arm hochheben. Sie dürfen aber nicht auf Tische und Stühle klettern!

Welche Gruppe kann das höchste Haus bauen?

Ich führe euch

Die Gruppe stellt heute eine Raupe dar. Ein Kind steht vorne und die anderen folgen. Dazu werden immer dem Vorangehenden die Hände auf die Schultern gelegt. Das Kind vorne ist der Kopf der Gruppe und alle anderen müssen ihm folgen, nach rechts und links und auch unter Tischen hindurch. Das Steigen über Taschen ist etwas zu gefährlich.

Als Nächstes müssen alle Kinder in der Gruppe, bis auf das Kind am Kopf, die Augen schließen und die Fortbewegung der Gruppe geht weiter. Schafft es die Raupe, sich weiter fortzubewegen, ohne ins Stolpern zu kommen?

Bist du die Katze?

Die Kinder sind alle Mäuse und haben die Augen verbunden. Sie laufen im Klassenraum herum. Sie halten die Hände ausgestreckt nach vorne.

Sobald sie ein anderes Kind berühren, sagen sie: „Bist du die Katze?“ Das andere Kind antwortet mit der gleichen Frage, sodass beide wissen, dass sie sich mit einer anderen Maus getroffen haben.

Eines der Kinder ist die Katze; diese wurde zuvor vom Spielleiter bestimmt. Trifft ein Kind auf die Katze, antwortet diese mit „Miau“.

In dem Fall hat die Katze die Maus erwischt und die gefangene Maus hängt sich bei der Katze ein. Jetzt geht es gemeinsam auf Mäusefang. So wird die Katze immer größer.

Wie gut kennt ihr euch?

Die Kinder sitzen im Kreis. Drei Kindern werden die Augen verbunden und sie stellen sich zunächst noch zusammen in die Mitte des Kreises. In der Zeit werden vier Stühle außerhalb des Kreises gestellt. Ein Kind aus der Gruppe setzt sich auf die Stühle außerhalb. Es ist nun verschwunden. Die anderen Mitspieler wechseln die Plätze.

Jetzt sind die drei in der Mitte wieder an der Reihe. Sie dürfen zwar miteinander reden, aber nicht mit den Kindern, die im Kreis sitzen. Diese dürfen sie nur abtasten. Gemeinsam müssen sie nun herausfinden, welches Kind fehlt.

Das ist gar nicht so einfach …

So fühlt sich das an

Dieses Spiel ist nicht einfach. Auch von Seiten der Spielleitung muss es gut durchdacht werden. Es geht einmal darum, Kinder (die lieber im Mittelpunkt stehen als andere) fühlen zu lassen, wie es ist, selbst einmal ausgeschlossen zu sein.

Ein Kind wird nach draußen geschickt. Wichtig ist, dass es sich bei diesem Kind nicht um ein Kind handelt, das auch sonst immer ausgeschlossen wird.

Alle anderen Kinder bekommen nun die Aufgabe, dieses Kind auszuschließen. Sobald es in die Klasse kommt, gehen sie ihm aus dem Weg.

Fängt es ein Gespräch an, so drehen sich die anderen Kinder weg und reden mit jemand anderem. Sie klopfen sich gegenseitig auf die Schultern, sie lachen zusammen und geben sich die Hand.

Das Kind, das ausgeschlossen wurde, soll später berichten, wie es sich in dieser Situation fühlte. Gemeinsam kann man in der Klasse überlegen, was getan werden kann, damit keiner absichtlich oder unabsichtlich ausgeschlossen wird.

Alle vier Ecken

Die Kinder bilden Vierergruppen. Sollten drei Kinder keiner Gruppe zugeordnet werden können, so bilden diese gemeinsam eine eigene Gruppe. Sind zwei Kinder ohne Gruppe oder ein Kind, so werden entsprechend viele Fünfergruppen gebildet.

Jede Gruppe bekommt eine Nummer, den Namen eines Tieres oder einer Pflanze. Der Spielleiter ruft zwei Gruppen auf und diese zwei Gruppen haben nun die Aufgabe, so schnell wie möglich alle vier Wände des Klassenzimmers zu berühren.

Die Gruppe, die dieses zuerst geschafft hat, bekommt einen Punkt.

Was aber zunächst sehr einfach klingt, ist nicht wirklich einfach, denn die Gruppe muss sich in irgendeiner Weise festhalten und darf sich dabei nicht loslassen.

Eine Gruppe, die sich loslässt, scheidet in dieser Runde automatisch aus.

Variante: Die Gruppen starten zunächst alle mit der Nummer 1. Sobald sie einen Punkt ergattern, wird die Nummer um eins erhöht. Nun heißt es wirklich aufpassen, um im richtigen Moment auch schnell zu reagieren, wenn die Nummer aufgerufen wird. Der Spielleiter muss aufpassen, dass er mindestens zwei Gruppen gegeneinander antreten lässt. Ist eine Nummer doppelt belegt, so muss nur diese aufgerufen werden.

Der Turmbau zu Babel

Die biblische Geschichte um den Turmbau zu Babel erzählt, dass die Menschen übermütig wurden und einen Turm bis in den Himmel bauen wollten. Sie dachten nicht mehr an Gott und Gott strafte sie während des Baus damit, dass sie alle nur andere Sprachen sprechen konnten. So klappte es nicht mehr mit der Verständigung und der Turmbau scheiterte.

Schaffen es die Kinder in Gruppen zu ca. vier Personen, gemeinsam einen Turm zu bauen? Dazu dürfen sie schon Tage vorher Pappkartons, Papprollen und anderes sammeln. Daraus wird nun ein Turm gebaut.

Es gibt jedoch zwei Schwierigkeiten:

1. Die Kinder dürfen keinen Klebstoff benutzen.
2. Sie dürfen nicht miteinander reden.

Am Ende gibt es zwei Preise. Den einen Preis gibt es für den höchsten Turm und den anderen Preis für den schönsten Turm. Die Wertung für den schönsten Turm kann die Klasse vornehmen. Jedes Kind darf einen Turm aus einer der anderen Gruppen auswählen.

Das Spinnennetz

Aus Wolle wird quer durch das Klassenzimmer ein Netz gespannt. Es kann an der Wand, an Schränken oder Regalen befestigt werden.

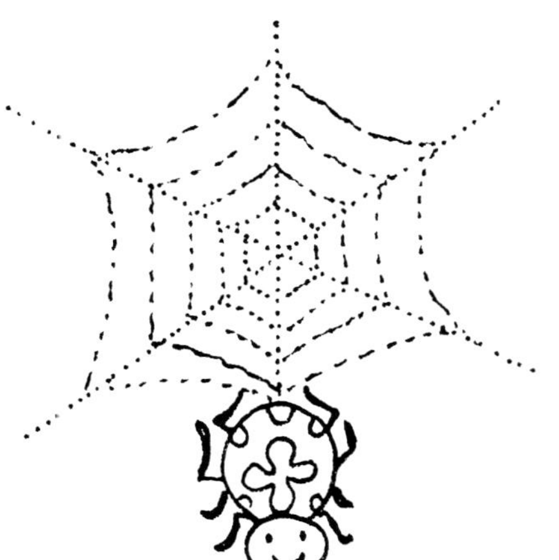

Die Öffnungen des Netzes müssen groß genug sein, damit ein Kind hindurchkrabbeln kann.

Nun gibt es verschiedene Möglichkeiten:

1. Variante: Alle Kinder müssen sich eine Öffnung suchen und durch diese klettern, ohne dass das Seil dabei wackelt. Bei wem es wackelt, muss sich wieder hinten anstellen und darf es erneut versuchen.
2. Variante: Die Kinder müssen gemeinsam als Gruppe versuchen, auf die andere Seite zu kommen. Wenn ein Kind das Seil zum Wackeln bringt, muss die ganze Gruppe auf die andere Seite klettern.
3. Variante: Die Kinder verhalten sich so wie in Variante 2 und dürfen nicht miteinander sprechen.
4. Variante: Die Gruppe muss, wie bei einem Staffellauf, etwas durch das Spinnennetz hindurchtransportieren.

Farben fühlen

Farben lassen sich zwar nicht fühlen, aber man kann durch gewisse Signale Farben weitergeben und diese nachempfinden.

Die Kinder sitzen hintereinander in einer Reihe und haben sich vorab darauf geeinigt, wie sie mit einzelnen Farben umgehen wollen. Zum Beispiel können sie sich bei „Blau" zweimal auf die linke Schulter klopfen und bei „Rot" wird ein Kreis auf den Rücken gezeichnet. Die Kinder setzen sich hintereinander auf den Fußboden. Das Kind, das hinten sitzt, schaut sich das Bild an und gibt das entsprechende Kommando, ohne zu sprechen, weiter. Gleichzeitig wird die umgedrehte Farbkarte von einem Kind zum nächsten geschoben.

Sobald das Kind, das vorne sitzt, die Farbe gespürt hat, darf es diese laut nennen und danach die Karte umdrehen. Stimmen die Farbe auf der Karte und die genannte Farbe überein, so darf das Kind, das ganz hinten gesessen hat, nach vorn rutschen. Die Gruppe ist fertig, wenn alle Kinder einmal vorn gesessen haben.

Um das Ganze einfacher zu machen (besonders bei jüngeren Kindern), können zunächst nur zwei oder drei Farben verwendet werden.

Variante: Dieses Spiel kann auch als Staffel gespielt werden.

Gemeinsam schaffen wir das!

Die Kinder stellen sich in zwei Reihen auf. Es sollten sich immer zwei Kinder gegenüberstehen, die in etwa gleich groß sind. Die Partner drehen sich nun Rücken an Rücken und haken sich rechts und links ein. Auf ein Kommando geht die ganze Gruppe in die Hocke.

Das war der leichte Teil der Aufgabe. Schwierig wird es erst jetzt, wenn alle wieder gemeinsam aufstehen müssen, ohne umzufallen. Da muss man nicht nur auf sich selbst, sondern auch auf die anderen achten.

Papierrascheln

Gespräche haben ihre ganz eigene Dynamik. Doch man kann oft an der Art und Weise, wie sie geführt werden, erkennen, um welche Art Gespräch es sich handelt. Die Kinder sollen das einmal ausprobieren und sich überlegen, wie sie ein solches Gespräch mit Papierrascheln nachmachen könnten.

Wenn jemand schreit, würde das durch lautes Zusammenknüllen dargestellt werden, Flüstern durch ganz leises. Abschiede könnte man vielleicht durch das Reißen von Papier darstellen. Die Kinder legen sich auf ein Gespräch fest und spielen es mit dem Papier nach. Die anderen in der Klasse versuchen herauszufinden, um welche Art Gespräch es sich handeln könnte.

Schlafende Löwen

Die Kinder ziehen als Löwengruppe durch den Klassenraum. Nach einer bestimmten Zeit gibt der Spielleiter plötzlich das Kommando zu schlafen.

Alle Löwen suchen sich einen Platz und legen sich zum Schlafen. Dort bleiben sie liegen, bis der Spielleiter das Kommando gibt, dass alle Löwen wieder aufwachen sollen.

Geräusch-Memory®

Dieses Spiel braucht zwar etwas Vorbereitung – allerdings kann es nach der Vorbereitung öfter genutzt werden.

Dazu werden so viele Streichholzschachteln benötigt, wie es Kinder gibt. Es muss sich dabei um eine gerade Anzahl handeln.

Wichtig ist es, dass die Dosen alle gleich aussehen. Immer zwei werden gleich gefüllt. Zum Füllen eignen sich verschiedene Materialien: getrocknete Reiskörner oder Erbsen, kleine Nudeln oder Reis, Sand oder Salz, Büroklammern, Nägel, Schrauben und so weiter.

Jedes Kind bekommt eine Schachtel. Es macht einen Unterschied beim Schütteln, wenn zum Beispiel nur eine Büroklammer in einer Schachtel ist oder es vier sind.

Jedes Kind bekommt nun eine Schachtel nach dem Zufallsprinzip ausgehändigt und muss seinen Geräuschpartner suchen. Es darf aber nur geschüttelt und nicht geschaut werden.

Variante: Es ist oft sehr schwer, so viele ähnliche Geräusche auseinanderhalten zu können. Gerade bei jüngeren Kindern ist es vielleicht von Vorteil, nur fünf oder sechs verschiedene Geräusche anzubieten. Die Kinder müssen sich in Gruppen zusammenfinden.

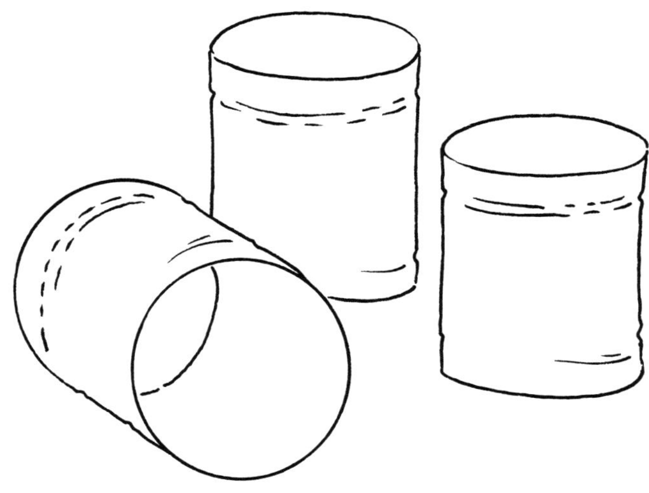

Ganz ruhig!

Spiele zur Bewegung und zur Entspannung

Ein Platz ist frei

Dieses Spiel kann in der bekannten Version gespielt werden. Jemand wünscht sich ein anderes Kind auf den rechten freien Platz neben ihm.

Variante 1: Ein Fänger steht in der Mitte und versucht, das Kind davon abzuhalten. Gelingt das, darf er sich auf den so frei gewordenen Platz setzen. Gelingt es nicht, so muss es das Kind, das Fänger ist, in der nächsten Runde versuchen.

Variante 2: Jedes Kind, das an der Reihe ist, kann auch zweimal auf den Stuhl klopfen. So wird niemand auf den rechten leeren Platz gewünscht, sondern auf den linken. Dieses geschieht so lange, bis wieder jemand zweimal auf den leeren Stuhl klopft.

Variante 3: Beide Nachbarn dürfen gleichzeitig auf den freien Stuhl klopfen. Das gewünschte Kind, das zuerst da ist, darf sich setzen. Das andere Kind muss zurückgehen.

Heute fahren wir ...

Eine gemeinsame Reise in ein Traumland kann sehr entspannend sein. Bei diesem Fantasiespiel ist es sehr wichtig, dass die Kinder einen bequemen Platz finden und ganz entspannt sitzen. Sie können Kopf und Arme auf den Tisch legen und sich ganz dem zuwenden, was sie nun hören.
Nun wird eine Geschichte erzählt – eine Fantasiegeschichte, bei der die Kinder gedanklich aus dem Haus auf eine Wiese, an einen See oder einen Stand geführt werden. Beim Erzählen muss darauf geachtet werden, dass nicht zu schnell geredet wird und Pausen gemacht werden. Außerdem muss alles das, was man macht, auch wieder zurückgeführt werden. Das bedeutet, dass Schuhe, die ausgezogen werden, auch wieder angezogen werden müssen. Türen, durch die das Gebäude verlassen werden, müssen wieder betreten werden usw.

Im Zoo

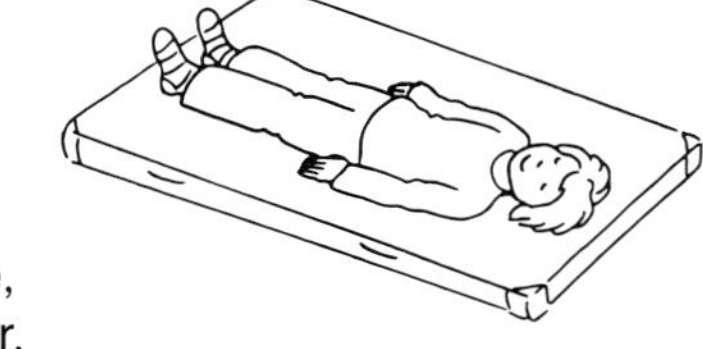

Eine andere Art der Fantasiereise ist eine Form der progressiven Muskelentspannung. Das Wichtigste hierfür ist es, einen bequemen Platz dafür zu finden. Am besten gelingt das in der Turnhalle. Hier haben die Kinder ausreichend Platz zur Verfügung und können sich auf Matten legen.
Die Kinder begeben sich nicht nur gedanklich auf eine Reise, sondern spannen die Muskeln an und entspannen sie wieder.
Ein gutes Bespiel dafür ist, die Fantasiegeschichte so zu erzählen, dass die Kinder sich in ihrer Vorstellung mit Tieren beschäftigen. Zum Beispiel stellt man sich vor, es sitzt einem eine Fliege auf der Nase, und man muss nun versuchen, diese so zu bewegen, um die Fliege zu verscheuchen. Oder der Bauch muss ganz fest angespannt werden, damit in der Fantasie der kleine Elefant darüberlaufen kann. Hier ist es gut, nach einem bestimmten Raster vorzugehen, zum Beispiel von oben nach unten durch den ganzen Körper.

Liegt da was?

Die Kinder setzen sich bequem hin und legen den Kopf auf den Tisch. Der Spielleiter hat fünf leichte Gegenstände, wie zum Beispiel ein Gummiband, ein Stück Schnur oder ein Papiertaschentuch. Nun geht er von einem Kind zum nächsten und darf ihm dabei auf die Schulter tippen, einen Gegenstand dort ablegen, beides oder auch gar nichts tun. Die Kinder müssen erraten, ob etwas bei ihnen auf der Schulter liegt oder nicht. Dabei darf sich nicht umgedreht werden.

Die Musik aus Gläsern

Jedes Kind bekommt ein leeres Marmeladenglas und einen Löffel. Ein Kind darf beginnen zu rühren und gibt einen Takt vor. Ein Kind nach dem anderen nimmt diesen Takt auf und macht mit. Es darf aber immer nur ein Kind versuchen, in den Takt hineinzukommen.

Variante: Es dürfen natürlich auch andere Instrumente genommen werden, wie zum Beispiel Eimer oder Dosen.

Fliegen und Schweben

Eine Gruppe von 10 bis 15 Kindern stellt sich um eine Decke herum. Ein Kind legt sich auf die Decke. Alle anderen heben die Decke vorsichtig an. Wenn die Decke ca. 30 Zentimeter angehoben ist, wird an der Decke gewackelt. Besonders wichtig ist es, dass die Decke langsam wieder heruntergelassen wird und alle immer gut festhalten.

Brot backen

Ein Kind legt sich für dieses Spiel auf den Fußboden. Ein anderes Kind oder zwei andere Kinder knien sich nun neben dieses Kind. Der Spielleiter gibt Anweisungen, was nun gemacht werden soll. Zum Beispiel kneten, ausrollen usw. Die Kinder müssen genau die Anweisungen ausführen. Nach einiger Zeit wird gewechselt.

Ringlein, Ringlein, du musst wandern ...

Die Kinder sitzen im Kreis. Ein Kind steht in der Mitte. Die Kinder haben einen Ring, den sie nun hinter dem Rücken weitergeben. Das Kind in der Mitte sagt irgendwann „Stopp“ und alle Kinder aus dem Kreis müssen sofort die Hände – zu Fäusten geballt – in die Mitte strecken. Nun darf begutachtet werden, in welcher Hand der Ring sein könnte und das muss nun erraten werden. Tippt das Kind richtig, so kommt das Kind, das „erwischt“ wurde, in die Mitte. War es falsch, muss weitergeraten werden.

Variante: Dieses Mal steht ein Tisch in der Mitte, um den die Kinder herumsitzen. Die Hände liegen auf dem Tisch und der Ring muss nun möglichst unbemerkt von Hand zu Hand wandern. Dabei ist es gut, wenn auch andere Kinder ihre Hände bewegen.

Pusteblume

Jedes Kind bekommt einen Blumennamen. Vier oder fünf Kinder sind dieselbe Blumensorte. Ein Kind steht in der Mitte und nennt eine Blume. Wurden die Rosen genannt, müssen alle Kinder, die eine Rose sind, ganz schnell aufspringen und die Plätze tauschen. Das Kind in der Mitte muss versuchen, einen Platz dabei zu ergattern.

Wer keinen Platz mehr hat, steht als Nächstes in der Mitte. Ruft das Kind in der Mitte „Pusteblume“, so müssen sich alle Kinder einen neuen Platz suchen.

Variante: Hier können alle möglichen Begriffe genommen und so noch einmal wiederholt werden.

Spiegeltanzen

Zwei Mitspieler finden sich zusammen und einer von beiden gibt die Bewegungen vor. Der andere versucht nun, genau diese Bewegungen nachzumachen. Beide Kinder bewegen sich wie vor einem Spiegel. Nach einiger Zeit wird gewechselt.

Mit dem Tennisball

Ein Kind setzt sich falsch herum auf einen Stuhl, lässt Arme und Kopf über die Stuhllehnen vor ihm hängen. Ein anderes Kind nimmt einen Tennisball in die Hand und lässt ihn auf dem Rücken und dem Nacken des anderen Kindes rollen.

Atempaare

Zwei Mitspieler finden sich zusammen. Einer gibt nun einen Atemrhythmus vor und der andere atmet in dieser Weise mit, bis die beiden gleichmäßig atmen.

Armer schwarzer Kater

Die Kinder sitzen im Stuhlkreis. Ein Kind ist der schwarze Kater und die einzige Aufgabe besteht darin, die anderen Kinder zum Lachen zu bringen. Das Kind krabbelt von einem Kind zum anderen, so wie es eine Katze machen würde, und miaut nun direkt vor dem Kind.

Das Kind, vor dem es sitzt, muss sagen: „Armer schwarzer Kater!“. Schafft das Kind dies, ohne zu lachen, muss der Kater zu einem anderen Kind laufen und es da versuchen. Sollte das Kind doch lachen, muss es den Platz mit dem Kater wechseln.

Ballon atmen

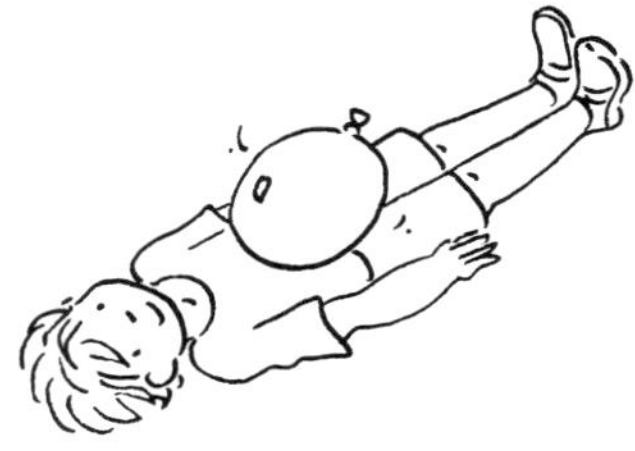

Jedes Kind bekommt einen Luftballon. Dieser wird aufgepustet. Nun legt sich jedes Kind auf den Rücken bequem auf den Boden. Der Ballon wird auf den Bauch gelegt und es wird geatmet. Beim Atmen bewegt sich der Ballon. Er darf mit den Händen angestupst werden, damit er nicht runterfällt. Die Kinder atmen in den Bauch hinein. Die Aufgabe besteht nun darin, den Ballon aktiv zu bearbeiten.

Wellenatmen

Alle Kinder liegen ruhig auf dem Fußboden und atmen. Der Spielleiter erklärt den Kindern den Verlauf einer Welle. Solange sie ankommt, wird eingeatmet. Hat sie den Höhepunkt erreicht, warten alle etwa drei Pulsschläge, um danach wieder langsam auszuatmen.

Luftballonaufpusten

Die Kinder finden sich paarweise zusammen. Ein Kind ist der Ballon, das andere pustet diesen Ballon auf. Das Kind, das den Luftballon spielt, ist zunächst in sich zusammengesunken. Das andere Kind pustet nun in die Luft und mit jedem Pusten wird der Ballon größer. Nachdem der Ballon ganz aufgepustet ist, wird die Luft wieder herausgelassen. Mit jedem Atemzug sackt das Kind, das den Ballon spielt, in sich zusammen.

Ich bin ein Baum und du auch!

Jedes Kind sucht sich einen Platz im Klassenzimmer. Nun werden die Beine etwa schulterbreit aufgestellt. Der Raum wird abgedunkelt und die Kinder schließen die Augen. Wer möchte, darf aber ab und zu mal blinzeln. Wer sich die ganze Zeit darauf einlässt, stehen zu bleiben und die Augen geschlossen zu halten, der wird irgendwann anfangen, ein wenig zu schwanken – wie ein Baum im Wald.

Balanceakt

Dieses Spiel ist ein sehr ruhiges Spiel, bei dem es um die Balance des eigenen Körpers geht. Die Kinder werden aufgefordert, sich auf beide Beine zu stellen. Die Beine der Kinder sollen etwa schulterbreit sein. Nun werden die Kinder aufgefordert, die Augen zu schließen. Nach ein paar Minuten werden die Kinder durch den Spielleiter dazu aufgefordert, das Gewicht auf das rechte Bein zu verlagern, während beide Beine auf dem Boden stehen bleiben. So verharren sie eine Zeit …

Nun geht es in die Position zurück, in der beide Beine gleichmäßig belastet werden. Danach wird das Gewicht ausschließlich auf das linke Bein verlagert, bevor es nach einer Weile wieder in die Ruheposition zurückgeht. Dabei sollen die Kinder versuchen zu spüren, wie sich das Gewicht verlagert und die Beine anfühlen.

Und dann macht es Platsch ...

Der Abschlusskreis (bei schönem Wetter) wird heute einmal nach draußen verlegt. Die Kinder sammeln große und kleine Steine. Ein großer Eimer wird in die Mitte des Kreises gestellt. Nun werden vorsichtig und einzeln Steine in das Wasser von oben hineingeworfen.

Die Kinder werden schnell merken, dass kleine Steine einen anderen Laut beim Eintauchen in das Wasser machen als große. Das können sie auch mit geschlossenen Augen ausprobieren; so können sie sich besser konzentrieren.

Danach werden zwei unterschiedlich große Steine ausgewählt und den Kindern gezeigt. Alle müssen sich umdrehen und der Spielleiter lässt einen davon in den Wasserbehälter fallen. Als Nächstes wird auch der zweite Stein ins Wasser gelassen. Nun dürfen sich die Kinder wieder umdrehen und müssen sich entscheiden, welcher Stein zuerst ins Wasser geworfen wurde. Danach darf ein anderes Kind die Steine ins Wasser lassen.

Mein Herz im Takt

Bei diesem Spiel konzentrieren sich die Mitspieler nur auf sich. Sie versuchen, ihren eigenen Herzschlag zu spüren. Kindern fällt es oft nicht so leicht, ihren eigenen Herzschlag zu spüren – manche empfinden dies auch als ein wenig beängstigend.

Man kann den Puls am Hals tasten, am Handgelenk oder auch im Brustraum. Manche Menschen können es auch sehr gut, wenn sie zwei Fingerkuppen leicht aufeinanderlegen und in sich hineinhorchen.

Wer seinen Herzschlag spürt, versucht nun, mit dem Fuß im gleichen Takt zu wippen, wie das Herz schlägt.

Wir schaffen das zusammen

Für dieses Spiel setzen sich Kinder zusammen, die sich sonst vielleicht nicht so gut verstehen. Am besten ist es sogar, wenn sich Paare aus Kindern bilden, die sich öfter streiten oder gar nicht miteinander reden. Nun setzen sich die beiden gegenüber an den Tisch und legen sich ein Blatt in die Mitte. Stifte werden ebenfalls in die Mitte gelegt. Jede Farbe darf dabei nur einmal vorhanden sein.

Die Kinder beginnen zu malen. Sie gestalten das Blatt gemeinsam – vielleicht mit einem vorgegebenen Auftrag, zum Beispiel „Ein Tag am Strand“, „Wir sind wütend“. „Regenwetter“ oder „Im Zoo“. Sie dürfen nicht reden. Erst wenn das Bild beendet wurde bzw. die Zeit abgelaufen ist, können sie sich über ihre Erfahrungen austauschen und diese später der Klasse erzählen.

Oberschenkelklopfen

Die Kinder sitzen Stuhlkreis. Jedes Kind hat die Hände auf dem Oberschenkel seines Nachbarn liegen: Die linke Hand liegt auf dem rechten Oberschenkel des linken Nachbarn und die rechte Hand auf dem linken Oberschenkel des rechten Nachbarn. Auf den eigenen Oberschenkeln liegen auch die Hände der Nachbarn.

Jetzt wird rundum auf die Oberschenkel geklopft. Das ist gar nicht so leicht, denn man muss gut aufpassen.

Variante: Zweimal klatschen bedeutet Richtungsänderung.

Kippspiel

Die Kinder stellen sich in einem Kreis auf. Ein Kind stellt sich in die Mitte und der Kreis wird immer enger. Das Kind in der Mitte bekommt eine Augenbinde. Nun kippt es zur Seite, bis es von den anderen aufgefangen wird. Wenn Kinder sich das am Anfang nicht trauen, so kann auch die Augenbinde weggelassen werden.

Langsam gehen

Kinder rennen gern. Sie müssen manchmal aber auch langsam gehen und sich auf sich selbst und die Gruppe besinnen. Aus dem Stehkreis heraus beginnt der Spielleiter langsam herauszugehen. Alle Kinder folgen ihm. Es wird nur sehr langsam gegangen. Das Tempo soll nicht erhöht werden. Eventuell kann das Tempo mit einer Trommel vorgegeben werden. Um einen Rhythmus zu halten, können vom Spielleiter auch Armbewegungen eingefügt werden.

Murmelmalerei

Zwei Kinder bekommen zusammen einen Karton. Auf dem Boden des Kartons liegt ein Blatt Papier, das den Boden ausfüllt. Die beiden bekommen auch eine Murmel. Außerdem steht auf dem Tisch Farbe (zum Beispiel Wasserfarbe). Die Kugel wird nun in eine Farbe getaucht und durch den Karton gerollt. So entsteht ein Zufallsbild. Die beiden, die das Bild haben entstehen lassen, können sich nach der Fertigstellung des Bildes darüber austauschen, ob man in dem Bild etwas erkennen kann.

Musikraten

Die Kinder sitzen im Kreis und haben die Augen geschlossen. Eventuell können auch Augenbinden benutzt werden. Nun spielt die Lehrkraft oder vielleicht auch ein Kind in einer Ecke Musik, vom CD-Player oder auch selbst etwas.
Sobald die Musik aussetzt, zeigen die Kinder, die die Augen bisher verschlossen haben, in die Richtung, aus der die Musik kam.

Unsere Stadt schläft

Die Kinder liegen alle bequem auf dem Boden und bekommen irgendwann das Kommando „*Neustadt* schläft“ – statt *Neustadt* kann der eigene Name der Schule, des Stadtteils oder der Stadt eingesetzt werden.

Alle Kinder müssen nun ganz ruhig auf dem Boden liegen bleiben. Wer sich bewegt (d. h. mehr als das normale Atmen), scheidet aus. Gewonnen hat der, der zuletzt noch liegt.

Ich schicke ein Paket an …

Die Kinder bilden einen Kreis. Dabei halten sie sich an den Händen. Ein Kind darf das erste Paket abschicken. Der Text, den es nun sagt, lautet: „Ich schicke ein Paket an …“

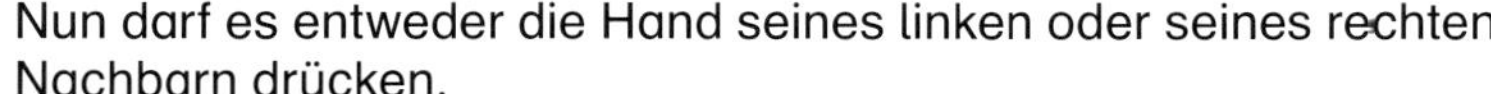

Nun darf es entweder die Hand seines linken oder seines rechten Nachbarn drücken.

Es wird so lange dieser Händedruck weitergegeben, bis er beim Empfänger der Nachricht ankommt.

Ribbel-Dibbel ruft

Die Kinder sitzen im Kreis. Alle bekommen eine Nummer zugewiesen. Der gesprochene Text wird mit rhythmischem Klatschen begleitet. Er lautet: „Ribbel-Dibbel 1 ruft Ribbel-Dibbel 5!“ Zu Ribbel-Dibbel muss viermal mit beiden Händen auf die Oberschenkel geschlagen werden. Bei den Zahlen wird jeweils einmal mit den Fingern geschnipst und bei „ruft“ muss geklatscht werden.

Nun sind die Kinder an der Reihe und müssen sich gegenseitig aufrufen. Statt des Namens verwenden sie die Ribbel-Dibbel-Bezeichnungen. Dabei nennen sie zuerst die eigene Nummer und die Nummer des anderen. Alle anderen klatschen im Takt mit. Passiert irgendwo ein Fehler (d. h. es verklatscht sich jemand oder verspricht sich bei den Nummern), muss er seinen Platz verlassen und landet auf dem letzten Platz. Die Kinder rutschen nun einen Stuhl auf und bekommen automatisch neue Nummern. Da heißt es aufpassen, denn sonst sitzt man schnell selbst auf dem letzten Platz.

Der freie Platz

Die Kinder bilden einen Stuhlkreis. Ein Platz bleibt leer. Das Kind, das eigentlich auf dem Platz sitzen sollte, steht in der Mitte. Die Kinder rutschen im Uhrzeigersinn immer wieder auf den leeren Platz. Das Kind in der Mitte muss versuchen, einen Platz zu erwischen. Auf ein Kommando kann auch die Richtung geändert werden.

Variante: Das Kind in der Mitte gibt die Anweisung, wer nun als Nächstes die Plätze tauschen muss. Zum Beispiel: „Alle Kinder, die heute Müsli gegessen haben …“ oder „Alle Kinder, die etwas Rotes tragen …“ Nun muss das Kind aus der Mitte schnell einen der Plätze belegen.

Bananenbrot & Apfelkuchen

Eigentlich ist es ganz einfach. Der Spielleiter dreht sich nach rechts und sagt: „Ich gebe dir ein Bananenbrot." Daraufhin muss der Nachbar fragen „Was gibst du mir?" und die Antwort darauf lautet: „Ich gebe dir ein Bananenbrot." Es wird geantwortet: „Vielen Dank für das Bananenbrot."

Das imaginäre Brot wird an den rechten Nachbarn weitergegeben. Zur linken Seite wird dasselbe mit dem Apfelkuchen praktiziert. Spannend wird es bei dem Kind, bei dem sich Brot und Kuchen treffen.

Gegenteil-Tag

Alle Kinder sitzen zunächst im Kreis. Ein Kind ist Spielleiter und steht in der Mitte. Der Spielleiter sagt nun einem Kind, was es tun soll, zum Beispiel sich hinstellen oder sich auf die Erde setzen.

Das Kind, das angesprochen wurde, tut nun das genaue Gegenteil dessen. Statt sich hinzustellen, bleibt es sitzen – statt auf dem rechten Bein zu stehen, stellt es sich auf das linke. Aber die beiden Kinder rechts und links von dem angesprochenen Kind müssen genau das machen, was der Spielleiter verlangt hat.

Macht jemand einen Fehler, tauscht er mit dem bisherigen Spielleiter die Rolle.

Klapperschlangen

Alle Kinder sitzen im Kreis. Ein Kind stellt sich in die Mitte und ihm werden die Augen verbunden. Nun versuchen zwei Kinder, leise die Plätze zu tauschen, denn das Kind in der Mitte muss versuchen, diese Kinder zu fangen.

Damit das Kind in der Mitte auch hören kann, wo die beiden Kinder sich befinden, müssen die beiden Rasseln bei sich haben, die sie auch bei jedem Schritt rasseln lassen.

Wird ein Kind gefangen, muss es nun in die Mitte. Wird kein Kind gefangen, muss es das Kind, das vorher in der Mitte war, noch einmal versuchen.

Weitergeben

Das Kind, das beginnt, hat ein Cent-Stück auf dem Handrücken liegen. Nun muss es dieses ohne Zuhilfenahme der anderen Hand auf den Handrücken seines rechten Nachbarn legen. Dabei darf das Geldstück nicht herunterfallen.

Variante 1: Das Geldstück muss von der einen eigenen Hand zunächst auf die andere gelegt werden, bevor es an den Nachbarn weitergegeben wird.

Variante 2: Das Geldstück kann auch auf die Stirn und von dort ohne Hände auf die Stirn des Nachbarn gelegt werden.

Variante 3: Dieses Spiel kann auch als Staffel gespielt werden. Wenn das Geldstück herunterfällt, muss derjenige, bei dem es heruntergefallen ist, das Geldstück wieder aufheben und auf seine Hand/Stirn zurücklegen.

Drei Bälle

Für dieses Spiel werden drei Bälle benötigt. Gut ist es, wenn diese drei Bälle unterschiedliche Farben haben.

Zunächst wird der erste Ball im Uhrzeigersinn weitergegeben. Das geht recht einfach.

Wenn der Ball zwei Runden gemacht hat, kommt der zweite Ball ins Spiel. Dieser wird gegen den Uhrzeigersinn weitergegeben.

Wenn auch dieses zwei Runden klappt, kommt der dritte Ball ins Spiel. Er muss von einem Kind zum nächsten geworfen werden. Hier wird immer das Kind aufgerufen, das den Ball bekommen soll.

Wie lange schafft es die Klasse, alle drei Bälle im Spiel zu halten?

Zimmerfußball

Eigentlich ist dieses Spiel kein Fußballspiel, denn die Füße dürfen gar nicht bewegt werden. Gespielt wird mit den Händen. Dazu stellen sich alle Kinder im Kreis auf. Die Beine sind ungefähr schulterbreit. Die Kinder müssen sich nun hinunterbeugen, um mit den Händen zu schießen. Geschossen wird auf die Beine der anderen Kinder.

Wenn ein Ball durch das „Tor“ eines anderen Kindes geschossen wird, muss sich dieses Kind umdrehen und das Spiel rückwärtsspielen.

Bei einem zweiten Treffer ist das Kind raus aus dem Spiel. Wer seine Beine bewegt oder verschließt, wird so behandelt, als ob er einen Treffer in sein Tor bekommen hätte.

Ihr seid umzingelt

Vier Kinder werden ausgewählt und sind die Indianer. Die anderen hocken sich auf den Fußboden und schließen die Augen. Nun schleichen sich die Indianer an. Sie stellen sich jeweils hinter ein anderes Kind.

Sobald alle Indianer einen Platz gefunden haben, sagt der Spielleiter: „Ihr seid umzingelt!“ Nun müssen sich die Kinder, die am Boden hocken, melden – wenn sie meinen, dass jemand hinter ihnen steht. Haben sie es richtig gemacht, dürfen sie in der nächsten Runde Indianer spielen.

Finde in den Kreis hinein

Zwei Kinder werden nach draußen geschickt. Alle anderen bilden einen sehr engen Kreis. Es gibt nun einen bestimmten Schlüssel, um in diesen Kreis hineinzukommen. Bei jüngeren Kindern kann der „Schlüssel“ genannt werden (beispielsweise das Anfassen der rechten Hand einer Person).

Nun müssen die Kinder, die draußen waren, hineinkommen und versuchen, den Kreis zu öffnen. Sie versuchen, den Kreis durch das Anfassen der rechten Hand mehrerer Kinder zu öffnen. Wer kann zuerst den Eingang entdecken?

Kettenreaktion

Die Kinder stellen eine Maschine dar. Hier arbeitet alles abgestimmt aufeinander. Zum Beispiel hebt das erste Kind das rechte Knie. Ein anderes Kind führt anschließend eine halbe Drehung aus. Daraufhin klatschen zwei Kinder immer dann, wenn das sich drehende Kind in eine bestimmte Richtung schaut. Die Bewegung muss immer wiederholt und weiter ausgeführt werden.

Wie viele Kinder können eingebunden werden und wie lange schaffen es die Kinder, die Maschine am Laufen zu halten?

Und raus seid ihr

Ein Kind sitzt mit verschlossenen Augen in der Mitte der Klasse. Die Kinder verteilen sich in vier Ecken. Nun nennt das Kind eine Zahl zwischen 1 und 4. Die Kinder, die in dieser Ecke stehen, sind raus. Jetzt verteilen sich die Kinder neu.

Kitzelalarm

Die Kinder werden in zwei Gruppen aufgeteilt. Die eine Gruppe zieht sich die Schuhe aus, kniet sich hin und hält die Füße nach hinten. Nun setzen sich die anderen hinter die Kinder und kitzeln sie an den Fußsohlen.
Es muss geraten werden, wer kitzelt. Wird es erraten, muss sich das andere Kind nach vorn setzen und das hintere sucht sich ein Kind, das es kitzeln kann.

Anschleichen

Die Kinder werden in zwei Gruppen eingeteilt. Aus jeder Gruppe wird ein Kind ausgewählt. Ist eine ungerade Zahl an Kindern vorhanden, werden drei Kinder gewählt. Die Kinder setzen sich einander gegenüber.

Den Kindern werden die Augen verbunden. Der Spielleiter zeigt auf ein beliebiges Kind, egal aus welcher Gruppe, das nun möglichst leise zwischen den anderen hindurchschleichen muss.

Wenn einer der Mitspieler etwas hört, darf er „Stopp!“ rufen. Das schleichende Kind bleibt sofort stehen und die Kinder, die nicht sehen können, zeigen mit der Hand in die Richtung, aus der sie das Geräusch gehört haben bzw. in die Richtung, in der sie das Kind vermuten.

Das Kind, das sich anschleicht, kann doppelt so viele Punkte für seine Gruppe holen, wie die Kinder, die mit verbundenen Augen auf den Stühlen sitzen.

Sagt kein Kind „Stopp!“, während das Kind durch die Stühle schleicht, so bekommt dies die volle Punktzahl.

Für den Fall, dass „Stopp!“ gerufen wird und die Kinder in die komplett falsche Richtung zeigen, bekommt das Kind, das erwischt werden muss, so viele Punkte, wie Kinder auf den Stühlen sitzen.

Für jedes Kind, das in die richtige Richtung zeigt, wird ein Punkt abgezogen. Welche der beiden Gruppen holt schließlich die meisten Punkte?

Eine Ente, mit zwei Beinen ...

„Eine Ente mit zwei Beinen springt ins Wasser, plumps!“ Dieser eigentlich einfache Satz wird in einzelne Teile unterteilt und reihum aufgesagt.

Das erste Kind beginnt: „Eine Ente ...“. Das zweite Kind ergänzt „mit zwei Beinen ...“. Das dritte Kind fügt hinzu „springt ins Wasser ...“ und das vierte Kind sagt „Plumps!“.

Das nächste Kind erhöht nun die Anzahl der Enten um eins, sodass nun „Zwei Enten ...“ daraus werden. Das nächste Kind zählt die Beine, die nun nicht mehr 2 sondern 4 sind und sagt: „mit 4 Beinen ...“. Nun ist es ganz einfach, denn das folgende Kind sagt: „springen ins Wasser.“ Und das folgende Kind ergänzt „Plumps!“. Wer aber schon einmal Enten ins Wasser hingleiten hat sehen, weiß, dass sie das in der Regel nacheinander tun und so eben nicht nur ein „Plumps!“ folgt, sondern zwei Kinder dies sagen müssen. Anschließend geht es weiter und drei Enten springen ins Wasser, worauf diese natürlich auch 6 Beine haben und schließlich drei Kinder „Plumps!“ sagen müssen.

Je schneller das Spiel gespielt wird, desto schwieriger wird es, und man kann sich leicht dabei vertun.

Wechsel

Bei diesem Spiel müssen alle Kinder der Klasse gut aufeinander achten. Sie stehen zunächst in einem Kreis. Auf ein Kommando hin gehen alle Kinder im Kreis. Dabei muss darauf geachtet werden, dass alle Kinder gleichmäßig in einem Tempo bleiben. So wird niemand von hinten getreten oder geschubst.

Auf das Kommando „Richtungswechsel" drehen sich alle Kinder um und gehen in die andere Richtung. Hierbei muss wieder darauf geachtet werden, dass niemand dabei gestört wird.

Um das Ganze schwieriger zu machen, wird ein Ball in die Runde gegeben. Dieser muss jedoch gegen die Gangrichtung durchgegeben werden. Wenn der Spielleiter das Kommando „Ballwechsel" gibt, darf der Ball mit der Gangrichtung durchgegeben werden. Bei einem weiteren „Richtungswechsel" wird die Richtung des Balls gewechselt.

Von Riesen, Zauberern und Elfen

In einem fernen Land lebten vor vielen Jahren Riesen, Elfen und Zauberer. Diese lebten eigentlich friedlich miteinander. Doch wenn eine ganze Gruppe Riesen auf Elfen traf, versuchten sie, diese zu fangen. Nur die Zauberer waren in der Lage, die Riesen im Griff zu halten. Sie berührten sie einfach mit dem Zauberstab und dann waren sie gar nicht mehr gefährlich. Trafen Elfen und Zauberer zusammen, so lächelten die Elfen und die Zauberer waren so beeindruckt, dass sie alles vergaßen und sich von den Elfen einwickeln ließen.

Wenn sich der Klassenraum freiräumen lässt, kann hier gespielt werden. Ansonsten bietet sich ein etwas größerer Raum oder ein festgelegter Bereich auf dem Schulhof an. Die Gruppen üben zunächst die verschiedenen Figuren ein. Die Riesen sind besonders groß. Um dies zu zeigen, gehen sie auf Zehenspitzen und recken die Arme in die Luft. Die Zauberer bewegen einen imaginären Zauberstab. Und die Elfen gehen ein wenig wie im Ballett, haben die Arme als Flügel angewinkelt und bewegen diese auf und ab.

Jede Gruppe berät sich kurz und überlegt, welche Figurengruppe sie darstellen wollen. Die Gruppe muss sich auf eine festlegen. Auf ein Kommando des Spielleiters drehen sich alle um und spielen ihre Rolle. Wenn der Spielleiter ein weiteres Kommando gibt, rennen alle (ganz normal) los und die überlegene Gruppierung darf die andere fangen.

Riesen fangen Elfen | Elfen fangen Zauberer | Zauberer fangen Riesen

Haben beide Gruppen zufällig die gleiche Figur gewählt, so gehen alle grüßend in der Form der Figur auf die gegenüberliegende Seite. Wenn Kinder gefangen wurden, gehören sie automatisch der anderen Gruppe an. Gewonnen hat eine Gruppe, wenn die andere in ihr aufgegangen ist.

Variante: Es darf nur dreimal die Gruppe gewechselt werden. Danach scheidet das Kind aus. Um das zu überprüfen, hat jedes Kind zu Anfang drei kleine Plättchen (oder etwas Ähnliches) bei sich. Jedes Mal, wenn es gefangen wird, muss es der Gruppe, die es gefangen hat, eins dieser Plättchen geben. Die Plättchen werden gesammelt und die Gruppe mit den meisten Plättchen gewinnt.

NASA-Testpiloten gesucht

Die NASA ist wieder einmal auf der Suche nach neuen Testraumfahrer für die Marsmission. Mehrere Bewerber müssen sich Tests unterziehen, die unter ganz verschiedenen Voraussetzungen durchgeführt werden.

Heute stehen die Tests an, bei denen sich die Raumfahrer beweisen müssen. Sie sollen zeigen, dass sie in der Lage sind, Dinge zu ordnen – und das, ohne miteinander zu reden, zum Beispiel wenn der Funk ausfällt. Denn durch einen Raumanzug hindurch kann man sich nur mit Gesten verständigen.

1. Übung: Die Raumfahrer stellen sich nach Schuhgrößen sortiert auf. Rechts steht der mit den größten Schuhen und links der mit den kleinsten. Haben zwei Kinder die gleiche Schuhgröße, so ist die Reihenfolge egal.
2. Übung: Die Raumfahrer müssen sich in alphabetischer Reihenfolge sortieren. Dazu wird der Vorname genommen. Auch wenn sich die Kinder schon länger kennen, ist das gar nicht so einfach. Diesmal bilden sie eine Reihe von vorne nach hinten.
3. Übung: Die Raumfahrer sollen sich dem Alter entsprechend aufstellen.
4. Übung: Nun fällt neben dem Funk auch noch der komplette Strom aus und es gibt kein Licht mehr. Den Kindern werden die Augen verbunden. Sie sollen sich nach der Größe ordnen.

Kann die Crew alle Aufgaben lösen und ins Trainingscamp der NASA aufgenommen werden?

Wie viele Hände?

Ein Kind liegt auf dem Fußboden und hat die Augen geschlossen. Es wird eine Anzahl an Kindern bestimmt, die ein oder zwei Hände auf dieses Kind legen.

Liegen alle Hände, werden sie nacheinander wieder abgenommen. Der Spielleiter bittet das Kind, das die Augen geschlossen hat, die Augen wieder zu öffnen und zu sagen, wie viele Hände es gespürt hat.

Auf Wiedersehen!

Spiele zum Tages- und Wochenabschluss, zum Abschied – Rückschau & Ausblick

Und Tschüss!

Es ist die Zeit des Abschiednehmens. In unserer Kultur winkt man sich zu und schüttelt sich die Hände. Die Südeuropäer umarmen sich und küssen sich auf die Wange oder in die Luft. Hier gibt es nun ein neues Ritual. Ein Kind darf sich eine ganz verrückte Verabschiedung ausdenken. Zum Beispiel könnte man sich gegenseitig mit beiden Händen abklatschen, drehen oder mit den Füßen berühren. Eine Regel gibt es dabei allerdings: Man darf seinen Gegenüber nicht verletzen oder ihm wehtun.

Eine Variante wäre, dass sich jeder einen Partner sucht und dieses neue Ritual weiterführt. Genauso kann eine Variante sein, dass sich ein neues Ritual anschließt und nun beide wiederholt werden.

Aufräumen

Dinge, die herumliegen, werden eingesammelt und in eine mit einem Tuch abgedeckte Box gelegt. Alle setzen sich im Kreis drumherum. Nun wird beschlossen, was die Person tun muss, dem das erste Teil gehört. Die Aufgaben können witzig sein (zum Beispiel muhen wie eine Kuh) oder der Gruppe helfen (zum Beispiel fünf Stühle hochstellen).

Danach wird, ohne dass geblinzelt wird, das zweite Teil gezogen. Der Eigentümer bekommt es erst dann zurück, wenn er seine Aufgabe erfüllt hat.

Musik zum Abschied

Die Kinder stellen sich in einen Kreis, sodass sie Schulter an Schulter stehen. Dabei richten sie ihre Blicke nach außen. Es wird Musik gespielt und die Kinder sollen sich bewegen. Dabei müssen sie aufeinander Rücksicht nehmen.

Es kommt auf die Gruppe an, ob hier ein langsames und ruhiges Stück oder etwas Schnelles/Turbulentes gespielt wird.

Tierfarm

Die Kinder setzen sich in den Stuhlkreis. Unter jedem Stuhl klebt ein Tier. Das kann eine Tierkarte sein oder ein kleines Spielzeugtier. Der Spielleiter beginnt nun zuerst und macht sein Tier nach und danach ein beliebiges anderes Tier aus der Gruppe.

Das Kind mit diesem anderen Tier spielt nun zunächst sein eigenes Tier und nun ein anderes Tier vor.

So geht es weiter, bis alle Kinder einmal an der Reihe waren.

Gesichtsausdrücke weitergeben

Wie bei der „Stillen Post" wird hier etwas weitergegeben. Allerdings handelt es sich nicht um Worte, sondern um Gesichtsausdrücke. Ein Kind beginnt und denkt sich einen Gesichtsausdruck aus. Es dreht den anderen Kindern im Kreis den Rücken zu und sein linker Nachbar kommt dazu, um sich das Gesicht anzusehen. Anschließend drehen sich beide zurück und der Nachbar gibt das Gesicht weiter.

Am Ende müssen der erste und der zweite Gesichtsausdruck gezeigt werden und die anderen Kinder dürfen entscheiden, wie sehr sich die beiden ähneln.

Verwirrung zum Abschied

Jedes Kind muss sich zum Schluss noch einmal vorstellen, jedoch nicht mit seinem richtigen Namen und den richtigen Angaben, sondern mit ausgedachten. Dazu werden Buchstaben vergeben. Diese können gezogen werden oder werden durch Zufall verteilt.

Nun müssen die Kinder so viel über sich berichten, wie sie können. Zum Beispiel der Junge, der ein „A" gezogen hat, ist nun Adalbert aus Antwerpen. Er hat acht Ameisenbären zu Haus und eine Schwester, die Anja heißt. Seine Mutter heißt Annegret und der Vater Anton. Sie fahren in den Ferien gern nach Amrum und ein Hobby der Familie ist das Angeln.

Bei wem die Nuss fällt, der muss ...

Die Kinder stehen im Kreis. Jedes Kind braucht einen Löffel. Die Löffel werden am Stiel in den Mund genommen. Auf einen Löffel wird nun eine Nuss gelegt. Diese Nuss wird vorsichtig an den Nachbarn weitergegeben.

Wer es schafft, darf stehen bleiben – bei wem die Nuss runterfällt, muss einen vorgegebenen Auftrag ausführen (wie zum Beispiel die Klasse aufräumen, die Stühle hochstellen oder Ähnliches).

Wer ist es?

Ein Kind wird nach draußen geschickt. Die anderen bestimmen unter sich einen Zauberer.

Dieser Zauberer hat die Aufgabe, alle anderen zum Schlafen zu bringen. Das macht er durch Zuzwinkern. Wem zugezwinkert wurde, der sinkt auf seinem Stuhl zusammen und schläft sofort ein ...

Das Kind von draußen wird nun wieder hereingeholt und der Zauberer beginnt mit dem Blinzeln. Das Kind, das draußen war, muss durch Beobachten herausfinden, wer der Zauberer gewesen sein könnte – je schneller, desto besser.

Wer im Kreis landet, ist raus

In der Mitte des Raumes wird mit einem Springseil ein Kreis gelegt. Um diesen Kreis herum bilden die Kinder einen Kreis. Sie müssen sich fest an der Hand halten. Nun muss jeder versuchen, alle anderen in den Kreis zu ziehen, ohne selbst hineingezogen zu werden. Wer im Kreis steht, der muss ausscheiden. Daraufhin wird der Kreis wieder geschlossen. Reißt der Kreis an einer Stelle auseinander, scheiden beide Kandidaten auch aus. Gewinner ist der, der als Letzter außerhalb des Kreises steht.

Meine Schuhe – deine Schuhe

An vielen Schulen ist es üblich, dass Kinder ihre Hausschuhe in der Schule anziehen. Diese müssen am Ende des Schultages auch wieder ausgezogen und andere Schuhe angezogen werden. Die Schuhe werden in die Mitte gelegt und ein Kind setzt sich nun mit verbundenen Augen in die Mitte. Es versucht, die eigenen Schuhe zu finden und auch noch mit verbundenen Augen anzuziehen.

Variante: Ähnliches kann auch mit einer Jacke gemacht werden.

Hüte auf und raus!

Bevor es nach draußen geht, müssen alle Kinder noch Hüte aufsetzen bzw. weitergeben. Die Kinder sitzen dazu in einem Stuhlkreis und es wird Musik gespielt. Alle Kinder, bis auf eines, haben einen Hut auf dem Kopf.
Solange die Musik läuft, wird der Hut abgenommen, dem Nachbarn gegeben, der ihn aufsetzt und nun an seinen Nachbarn weitergibt. Setzt die Musik aus, scheiden alle die Kinder aus, die keinen Hut auf dem Kopf haben.
Also sind so auch die Kinder draußen, die den Hut noch in der Hand halten. Es ist dabei nicht erlaubt, mehr als einen Hut gleichzeitig zu besitzen.

Variante: Der Hut wird nicht weitergegeben, sondern dem Nachbarn auf den Kopf gesetzt.

Wer fegt?

Außer den Kindern im Stuhlkreis sitzend, wird ein Besen benötigt. Ein Kind steht in der Mitte des Kreises und hält einen Besen in der Hand. Es nennt den Namen eines Kindes und lässt den Besen los. Das Kind, das genannt wurde, muss schnell zu dem Besen laufen und versuchen, den Besen am Fallen zu hindern. Gelingt das, kann es das nächste Kind aufrufen und den Besen wieder loslassen. Gelingt es nicht, so darf das Kind mit einem zweiten Besen so lange den Raum fegen, bis ein anderes Kind den Besen nicht fängt.

Tante Käte geht nach Haus

Bei diesem Spiel fragt das erste Kind seinen Nachbarn auf der linken Seite: „Was macht Tante Käte?“ und das Kind antwortet: „Tante Käte (macht/kauft ...) (das Bett/eine Zahnbürste.)“ und macht die Bewegung nach.
Nun stellt es die Frage seinem Nachbarn. Das Kind muss nun zunächst das machen und sagen, was schon gesagt wurde, sowie etwas hinzufügen, was Tante Käte tut. So geht es immer weiter, bis ein Kind sagt: „Tante Käte geht nach Hause.“
Das ist das Letzte, was ausgeführt werden muss, denn sobald ein Kind das sagt, steht es auf, stellt seinem Nachbarn die Frage, was Tante Käte tut und geht zur Tür.
Das wird so lange wiederholt, bis alle an der Tür stehen.

Wie sagt man bei euch „Auf Wiedersehen“?

Dies ist eigentlich mehr eine nette Aufmerksamkeit als ein Spiel. Die Kinder lernen, sich auf verschiedene Arten zu verabschieden. Dazu fragen sie den Nachbarn, wie man denn bei ihnen zu Hause „Auf Wiedersehen“ sagt.
Das können regionale Unterschiede sein, wie „Servus“ und „Tschüss“. Es kann ein informelles „Ciao“ sein oder ein formelles „Auf Wiedersehen“ und es können Verabschiedungen aus anderen Ländern sein.
Immer wenn ein Kind gesagt hat, wie seine Verabschiedung lautet, wiederholen die anderen es.

Weil du besonders bist!

Jedes Kind darf seinen Namen dreimal auf einen Zettel schreiben. Die Zettel werden verteilt. Wer seinen eigenen Namen gezogen hat, gibt ihn seinem rechten Nachbarn. Der gibt ihn verdeckt weiter, bis derjenige eine Karte bekommt, der zuvor auch eine abgeben musste. Klappt das so nicht, greift der Spielleiter ein und tauscht die Karte aus.
Nun überlegt sich jeder zu seinen drei Karten etwas, das er demjenigen sagen möchte, den er gezogen hat. Vielleicht hat derjenige etwas Besonderes geschafft oder gemacht, jemandem geholfen oder etwas Tolles für die Klasse erledigt. Das wird auf die Karte geschrieben.
Nun werden die Karten ganz schnell an die Empfänger verteilt. Diese steckt er sich in die Hosentasche und darf sie sich am Nachmittag anschauen.

Wer zuletzt den Ballon hat ...

Die Kinder stehen in einem Kreis und ein aufgeblasener Luftballon wird einem Kind gegeben. Sobald Musik einsetzt, muss der Ballon von einem Kind zum anderen gespielt werden. Fällt der Ballon auf die Erde, so muss das Kind, das ihn fallen gelassen hat, ausscheiden. Der Ballon darf auch nicht mit beiden Händen festgehalten werden. In dem Fall scheidet das Kind auch aus. Wird die Musik ausgeschaltet, muss der Ballon mit beiden Händen gefangen werden. Dieses Kind hat gewonnen. Eventuell darf es sich an der Tür aufstellen. Es wird Erster oder es bekommt Siegpunkte. Wer zuerst fertig war oder wer die meisten Siegpunkte hat, darf als Erster gehen.

Wann rollt die Murmel?

Die Kinder stehen um ein Bettlaken herum und heben es auf, sodass jeder ein kleines Stückchen in der Hand hält. Nun legt der Spielleiter eine leere Toilettenpapierrolle und eine Murmel auf das Laken. Durch gemeinsames Bewegen und viel Koordination können die Kinder es schaffen, dass die Murmel durch die Rolle rollt.

Die Kinder werden dazu angespornt, dies schnell zu machen. Schaffen sie es noch, bevor es zum Ende des Schultages läutet, die Kugel durch die Rolle zu bringen?

Variante: Wenn die Kinder dies öfter spielen, kann auch die Zeit gemessen werden. Wo liegt der Klassenrekord?

Ich wünsche dir …

Die Kinder bilden einen Stuhlkreis. Ein Kind sitzt in der Mitte. Nun fangen die anderen Kinder an und wünschen dem Kind in der Mitte etwas, zum Beispiel „viele Freunde“ oder „viel Spaß“ oder „Sonne“. Die Bedingung dabei ist, dass es sich nicht um materielle Dinge handeln darf. Außerdem darf nichts Beleidigendes dabei sein.

Ein Kind beginnt nun. Es sagt „Ich wünsche dir ….“. Das Kind, das im Uhrzeigersinn danebensitzt, ist nun an der Reihe. Es wiederholt das, was gesagt wurde, und fügt noch etwas hinzu. Das nächste Kind ist an der Reihe und fügt wieder etwas hinzu.

Sollte dabei ein Fehler gemacht werden, rufen alle „Stuhlwechsel!“ und die Kinder müssen sich ganz schnell einen neuen Stuhl suchen, auch das Kind in der Mitte. Nun gibt es neue Wünsche für das nächste Kind.

Händeschütteln

Wie verabschiedet man sich voneinander? Man schüttelt sich die Hände. Und genau das tun die Kinder auch zum Abschied. Jedes Mal nach dem Schütteln dürfen sie sich einen Strich auf eine Karte machen, die sie bei sich führen.

Wer hat am Ende die meisten Striche auf seiner Karte?

Den Raum erleben

Die Kinder stehen in der Mitte des Klassenraumes. Ein Kind oder die Lehrkraft ist der Spielleiter und vergibt nun die Aufgaben. Die können zum Beispiel lauten: „Berühre alle Wände im Klassenzimmer.“, „Bringe einen Stuhl in die Mitte.“, „Stelle den Stuhl auf den Tisch.“, „Krabble unter deinen Tisch.“ oder zum Beispiel „Ziehe deine Jacke an und stelle dich hinter den Tisch.“

Variante: Das Ganze kann man auch als Wettspiel spielen. Dafür wird die Klasse in zwei oder mehr Gruppen eingeteilt. Die ersten fünf Kinder, die die Aufgabe erfüllt haben, dürfen in ein vorbereitetes Gefäß ihrer Gruppe eine Kugel tun. Die Gruppe, die am Ende (das kann auch nach einer Woche oder einem Monat sein) die meisten Kugeln hat, hat gewonnen.

Wir gehen jetzt raus

Aber es geht nicht ganz so einfach. Die Kinder stehen auf der Seite des Klassenzimmers, die der Tür gegenüberliegt. Jedes von ihnen hat ein Blatt Papier in der Hand. Das kann gebrauchtes Papier sein, das sowieso im Müll landen sollte.

Die Aufgabe ist es nun, zur Tür zu kommen, ohne dabei den Boden zu betreten. Es dürfen nur die Blätter betreten werden. Allerdings ist es ebenso verboten, ein Blatt einfach auf den Boden zu legen, ohne dass jemand draufsteht. Dieses Blatt darf von anderen Teilnehmern weggezogen werden. Allein kann man diesen Weg unmöglich bewältigen. Auch zu zweit wird es schwer. Am besten geht es in einer kleinen Gruppe.

Wer auf dem Fußboden steht, der muss ausscheiden und warten, bis alle anderen Kinder aus dem Klassenzimmer hinausgegangen sind.

Variante 1: Dieses Spiel kann erschwert werden, indem die Kinder nicht miteinander reden dürfen.

Variante 2: Die Gruppe muss sich zusammenfinden und darf sich nicht wieder loslassen, bis sie das gegenüberliegende Ufer erreicht hat.

Ab durch die Mitte

Durch den Klassenraum wird ein Seil als eine Art Handlauf gespannt. Dabei kann es kreuz und quer durch den Klassenraum geführt werden. Ein Kind darf nun anfangen und sich an dem Handlauf durch den Klassenraum bis zur Tür entlanghangeln.

Dabei werden dem Kind die Augen verbunden. Wer sich nicht wirklich traut, kann auch eine Person mitnehmen, die neben ihm hergeht.

Wettervorhersage

Es gibt kleine Schilder, auf denen eins mit einer Sonne abgebildet ist sowie eins mit einer Wolke, eins mit Gewitter, vielleicht eines mit viel Wind, eines mit Regen und eines mit Nebel.

Die Schilder werden reihum gegeben und jedes Kind nimmt sich nun ein Schild heraus und erklärt anhand dessen, warum es sich auf den kommenden Tag, auf das Wochenende, die Ferien freut, oder warum es etwas Ungutes erwartet.

Dies kann gesagt werden, muss aber nicht, denn niemand sollte gezwungen werden, über seine Gefühle zu sprechen.

Hör gut zu – ich sag Tschüss und was machst du?

Es gibt Begrüßungs- und Abschiedsrituale, wie zum Beispiel das abwechselnde Klopfen auf die Hände oder das Schütteln beider Hände gleichzeitig. Die Klasse kann nun ein eigenes Ritual entwickeln. Das wird zunächst mit dem Nachbarn ausprobiert und später mit weiteren Kindern aus der Klasse. Ein lustiger (eigener) Spruch dazu kann zusätzlichen Spaß bringen.

Buh – und raus bist du!

Drei Kinder dürfen sich frei im Klassenraum bewegen. Die anderen sitzen im Klassenzimmer verteilt. Die Kinder, die sitzen, legen ihren Kopf auf die Arme und schließen die Augen.

Die Kinder, die herumgehen, stellen sich hinter ein Kind und zählen lautlos und langsam bis 10. Dazu müssen sie ihre Finger hochhalten und damit die Zahl anzeigen, damit der Spielleiter dieses überprüfen kann.

Merkt ein Kind, dass jemand hinter ihm steht, so sagt es „Geist, ich habe dich bemerkt!" und der Geist muss sich eine andere Person suchen.

Wenn das Kind es nicht bemerkt, darf der Geist das Kind an den Schulter fassen und sagen: „Buh – und raus bist du!" Die so ertappten Kinder werden zu weiteren Geistern.

Variante: Die Kinder, die Geister waren und nicht erwischt wurden, dürfen sich an der Tür aufstellen. Die Kinder, die von den Geistern überrascht wurden, sind nun die neuen Geister.